18년 유배지에서 정약용을 만나다

다산의 사람 그릇

18년 유배지에서
정약용을 만나다

다산의
사람
그릇

진규동 지음

레몬북스
lemon books

- 목 차 -

PART 03 : 자연만이 그를 감싸주네

PART 04 : 사색과 위민의 시간

PART 05 : 그리움과 사랑의 속삭임

PART 06 : '나라다운 나라 백성다운 백성' 다산의 꿈

PART 07 : '다산학의 산실' 다산초당

18년 유배 생활,
왜 우울증이 없었겠는가

다산 정약용(1762~1836)에 대해서는 수많은 사람들이 다양한 시각에서 다산의 학문과 사상에 대하여 저술하였다. 필자 역시 대실학자이며 위대한 사상가인 다산 선생의 사람 그릇과 학문적 위업, 사상과 정신을 독자들에게 오롯이 전달하기란 쉽지 않은 일이었다.

따라서 다산 심부름꾼으로 일하면서 보고 듣고 학습한 것을 바탕으로 보통사람들이 부담 없이 다산을 보다 쉽게 접근할 수 있는 책을 엮을 수는 없을까를 고민하였다.

그러다 용기를 내서 2년간 다산 박물관에서 근무한 경험과 강진의 다산 유적지를 찾아다니면서 보고 찾은 느낌 특히, 118차례 이상 다산초당을 오르내리며 다산과의 나눈 마음속의 대화를 바탕으로 이 책을 쓰기로 결심하였다.

어려운 다산의 철학과 사상에 대한 이야기가 아니라 어떻게 다산은 18년 동안 유배라는 형벌의 두려움과 공포, 우울한 마음과 생각을 극복하고 다산학이라는 위대한 학문적 결실을 거둘 수 있었는가에 대하여 쓰기로 한 것이다.

이것이 이 책을 쓰게 된 동기이다.

늘 그 원동력이 무엇이었을까를 고민하면서 생각을 그쪽으로 돌려서 찾고 보고 느끼게 된 것들을 중심으로 엮고자 하였다. 이를 위해서 기본적으로 어려운 한문을 번역해 놓은 한국고전번역원의 다산 관련 번역 자료를 인용하였고, 그 외 다산의 시와 저술을 바탕으로 여러 전문가들이 쓴 책 속에서 좋은 글들을 인용하여 보통사람들이 다산을 보다 쉽게 접근할 수 있도록 하였다.

지금은 제4차 산업혁명시대라고 한다. 모든 것들이 초스피드하고 초연결시대로 하루가 다르게 변화의 파고가 휘몰아치고 있다. 사람들도 초스피드한 사회에 적응하느라 정신없이 살아간다.

경제는 국민소득 3만 불 시대라며 선진국 수준이라고 한다. 세계 13위 경제대국으로 세계 제일의 선박 조선소 4곳이 한국에 있고, 모바일 기기와 반도체 부분에서는 2위를 달리고 있다.

그러나 우리의 현실을 보면 너무나 우울하다. 소위 선진국이라는

OECD 국가를 기준으로 경제는 선순위일지라도 사회적 지표는 밑바닥을 헤매고 있다.

이 지표에 따르면, 한국은 저출산과 고령화가 세계에서 최고 수준으로 진행되는 사회이다. 그리고 노인 빈곤율이 최고이고, 고용불안과 사회적 고립감이 심화되고 있음이 드러나고 있다. 저출산, 고령화, 노인 빈곤, 복지 취약, 정부 불신 등의 지표는 가장 열악한 나라들의 반열에 놓여 있는 것으로 보고되고 있다.

자유시장질서 내에서 살아가는 개인들의 불안과 불안정은 높은데, 그에 대한 사회적 보완 장치는 매우 열악한 상황으로 나타나고 있다.

누구에게나 우울한 날은 있다

이러한 삶의 여정 속에서 우리는 크고 작은 상실감을 경험하며 살아간다. 어느 누구 할 것 없이 상실의 대상은 친구, 가족, 돈, 직업, 대인관계 등 다양한 것들로부터 일어난다. 이에 대한 반응과 느낌 또한 각양각색이다.

하지만 공통적인 것은 그 충격이 크고 작은 차이일 뿐 그 충격은 우리 모두를 우울하게 한다는 점이다. 실제 심리적, 사회적 스트레스들 중 상실이 가장 큰 요인이다.

2018년 한 연구보고서는 최근 5년간 20대 청년 전체의 7%가 심한 우울증 상태에 있고, 8.6%가 심한 불안증, 그리고 22.9%가 최근 6개월 이내 자살을 생각한 경험을 갖고 있다고 한다. 나날이 복잡하고 불확실한 세상에서 정신적으로 시달리며 살아가는 현실에 대한 회의감은 어느 누구라고 단정할 수 없을 만큼 우리 모두의 고민이다.

파울로 코엘료가 쓴 소설의 한 면을 봐도 쉽게 알 수가 있다.

안정적인 직장에 반듯한 외모 등 베로니카는 사람들이 원하는 안정적인 삶의 조건을 갖추었지만, 조금도 행복하지 않았다.

남들과 같이 결혼을 하고, 아이를 낳고, 권태롭게 살아갈 날들이 생각만 해도 지겨웠기 때문이다. 의미 없는 삶을 이어가느니 죽는 게 낫다고 생각한 베로니카는 세상에 안녕을 고하기 위해 네 병의 수면제를 들이킨다.

이처럼 불안과 우울증은 우리 삶의 여정에 반갑지 않은 동행자가 되었다.

역사상 큰 성취를 남긴 인물들 중에도 우울증 환자가 많았다.

레오나르도 다빈치, 갈릴레오, 괴테, 베토벤, 임마누엘, 칸트, 에밀 졸라, 톨스토이, 헤르만 헤세 등 인류의 역사를 바꾸거나 역사의 한 시대를 풍미한 거인들도 우울증 환자였다. 스티브잡스도 커다란 상실감으로 극심한 우울증 환자였다고 한다.

이 이야기는 2005년 6월 10일 스탠퍼드 대학교 졸업 연설을 보면 알 수 있다.

그는 자기가 만든 회사에서 쫓겨나는 일을 당했다. 연설에서 그는 "그때는 몰랐지만 애플에서 해고당한 것은 내 인생 최고의 사건이었습니다. 그 덕분에 성공에 대한 중압감은 모든 것을 확신할 수 없는 초심자의 가벼움으로 다시 바뀌었습니다. 내 인생에서 가장 창의적인 시기로 들어설 수 있는 자유도 주었지요. 애플에서 해고되지 않았더라면 내게 이 모든 일들이 일어나지 않았을 거라고 확신합니다. 너무 쓰지만 환자에게는 꼭 필요한 약이지요."라며 그의 절망을 소망으로 승화시켰다.

우리의 역사 속의 인물인 연암 박지원도 "18세에 병으로 누워 음악·서화·골동품 등을 가까이 하고 손님을 청해 해학과 고담을 들으며 마음을 위안하고자 했으나, 우울한 증세는 해소할 길이 없었다. 마침 민옹을 천거하는 이가 있어서 그를 초대했는데……."로 이어지는 민옹전을 통해서 그의 우울증에 대한 이야기가 전해지고 있다.

위대한 정치가 중에도 우울증을 앓은 사람은 노예를 해방시킨 미국 대통령 에이브러햄 링컨이다. 또 2차 대전을 승리로 이끈 영국 총리 처칠도 평생 우울증에 시달렸다.

다산의 18년 유배 생활은 하루하루가 불안한 날이었다. 이는 다산과 함께 조정에서 이름을 날렸던 윤행임이 신유옥사로 신지도로 유배되어 5개월 만에 사약을 받게 된 것을 보면 알 수 있다.

윤행임은 다산이 정조의 명을 받아 "병조에서 임금의 분부를 받고 왕길석오사 일백 운을 지었다."라는 내용의 시를 지었을 때 정조가 이를 보고 칭찬하면서 윤행임의 재주 또한 칭찬했던 사람이다.

언제 어떻게 될지도 모르는 다산의 18년 유배 생활은 상실감과 배신감 등 이루 말할 수 없는 상실의 세월이었고 우울한 시간들이었을 것이다.

황금보다 위로와 힐링을 찾아서

우리 사회는 언제부턴가 연애와 결혼, 출산을 포기한 '3포 세대'에서 주택과 심지어 인간관계까지 포기한 '5포 세대'라는 말이 등장하였다. 이제는 꿈과 희망마저 내려놓은 '7포 세대'에서 생명이 포함된 '8포 세대', 인생의 많은 것을 포기한다는 'N포 세대'라는 용어까지 등장하였다.

그리하여 이제 상실과 우울의 18년 유배 생활 속에서도 세계상에 위대한 업적을 남긴 다산 정약용 선생을 되돌아보며 오늘날 우리들의 현실을 헤쳐갈 수 있는 지혜를 찾고자 한다.

다산은 아들들에게 "천리는 돌고 도는 것이니 한번 넘어졌다고 반드시 다시 일어나지 못하는 것은 아니다. 만약 하루아침의 분노를 이기지 못하여 서둘러 먼 시골로 이사 가버린다면 무식하고 천한 백성으로 일생을 마치고 말 뿐이다."라고 하였다.

다산은 18년의 유배 생활 속에서 희망의 끈을 놓지 않았다. 절망, 공포, 초조, 우울 등을 위대한 분노, 그리움, 간절함, 사랑, 위민, 애국으로 승화시켜 18년 고난의 유배 생활을 견디고 버틸 수 있는 동력으로 삼았던 것이다.

다산이 그 찬란했던 귀족생활에서 하루아침에 폐족으로 추락하여 18년이라는 기나긴 세월을 외딴섬과 같은 유배지에서 보낸 시련과 고난은 지금에 비할 바가 아닐 것이다.

경제적으로 풍족하고 모든 것이 풍부한 지금이지만, 정신적으로 피폐해진 우리의 현실을 되돌아보면서 18년 유배 생활에서 남겨진 메시지는 무엇보다도 우리 주변의 것들을 통해서 우리 스스로가 위로와 힐링을 받을 수 있다는 것이다.

날로 복잡하고 힘든 시기, 우리 스스로가 위로 힐링에 주체가 되어 불안과 초조와 스트레스를 극복할 수 있음을 확인하면서 다산의 지혜를 통해서 의미 있고 즐거운 삶의 여정이 되길 바라는 간절한 마음으로 이 책을 엮었다.

유배지 강진, 위대한 축복의 샘터

2년 전 친구들과 함께 찾은 다산의 유배지 강진 다산초당에서 그와의 만남은 우연이었고 이는 위대한 축복이었다. 인생 3막의 새로운 여정을 시작하면서 이정표를 찾던 중 방문한 유배지 강진은 나에게는 현대판 유배지나 다름이 없었다. 그 유배지가 다산의 위대한 실학의 성지가 되었듯이 나에게도 인생 3막의 소중한 무대로 3가지 만남의 축복이 된 것이다.

그 첫 번째 만남의 축복은 다산과의 만남이다.

다산과의 만남은 2016년 7월 친구들과 찾은 다산초당에서의 우연한 인연을 통해서다. 그 인연을 계기로 다산박물관에서 계약직 다산

교육전문관으로 일하게 되었으니 이 이상 큰 축복이 아닐 수 없다. 인생 3막의 새로운 이정표를 세우기 위해 고민하던 중 다산을 만나게 된 것이다.

다산 심부름꾼으로 일하게 되면서 조선의 슬픈 역사는 물론 미처 알지 못한 상처 속의 과거 역사까지 새롭게 학습하게 되었다. 그리고 우리의 미래를 위해서 무엇을 어떻게 해야 할 것인가를 고민하게 되었다. 그것이 바로 위대한 다산정신의 계승 발전을 통해서 미래 대한민국의 사회적 가치를 창출할 수 있는 시스템 구축차원이 절실함을 실감하게 되었고, 그 프로젝트를 위해서 다산의 심부름꾼으로 혼신의 노력을 다한 시간이었다.

역사의 현장 강진이 새로운 정신문화 샘터 1번지가 되기 위한 노력이었던 것이다.

다산의 위대함은 다산을 부르는 수많은 수식어를 생각해보면 알 수 있다.

다산은 600여 권의 저술을 바탕으로 다방면의 전문가로 명명되고 있다. 그렇게 위대한 분을 만난 것은 나에게 위대한 축복이었다. 그래서 감히 나의 역량을 생각하면 제자는 못 되고 자칭 다산 심부름꾼으로 생각하고 위대한 다산과의 만남을 통해서 인생 3막을 의미 있고 가치 있는 삶을 살자고 이정표를 세울 수 있었던 것이 첫 번째 축복의 샘터였다.

두 번째 만남의 축복은 강진과의 만남이다.

강진은 예로부터 한양과 멀리 떨어져 유배지로 다산 선생이 18년 동안 유배 생활한 곳이다. 그 유배지 강진이 지금은 유홍준 교수의 남도답사 1번지를 통해서 수많은 사람들에게 알려졌다.

본인도 2년 동안의 생활을 통해서 이곳저곳을 돌아보며 천혜의 자연과 역사와 문화가 한데 어우러진 그야말로 푸근한 엄마의 품속 같은 느낌을 받았다.

실제 다산의 글 속에서도 다산이 전라도에서 다섯 해 남짓 유배 생활을 하고 있을 때 북쪽에 사는 어느 사람이 강진에 대한 편견을 갖고 묻자 다산은 몸소 겪은 경험을 바탕으로 "강진 사람들은 인심이 후하여 벼 베기가 끝나면 농토가 없는 백성들이 이웃의 농토를 경작하도록 해주어 마치 자기 전답인 양 보리를 심어 거두게 한다."며 강진을 인심 좋은 고을로 이야기하고 있다.

실제 강진의 농박(농가민박)은 전국적으로 벤치마킹의 대상이 될 만큼 강진만의 후한 인심이 바탕이 되어 교육생들은 물론 여행객들의 마음을 사로잡고 있다. 다산박물관의 농박 FU-SO 체험 교육은 신청자들을 다 수용하지 못하고 있을 정도다.

강진은 천혜의 자연과 역사가 있고, 사람들의 후한 인심이 한데 어우러지고 인정이 넘치는 1번지이다. 더불어 다산정신이 살아 있는 다산정신문화 샘터이다.

이곳에서 후한 사람들을 만나고 음식문화를 즐길 수 있는 것 또한 두 번째 축복의 샘터였다.

세 번째 만남의 축복은 나 자신과의 만남이다.

60여 년의 인생 여정은 그저 앞만 보고 달려온 시간이었다. 그래서 나 자신의 제대로 된 모습을 생각할 겨를이 없었다. 그러나 이곳 강진에서의 2년은 진정한 나와의 만남의 시간이었다. 100세 시대 퇴직하고 한가하게 보낼 수도 있지만, 아직은 활동할 수 있고 남은 여력을 사회를 위해 뭔가를 해야겠다는 생각으로 이곳에 왔다.

지난 2년은 그런 나의 생각이 얼마나 잘한 생각이었는지 날마다 스스로에게 칭찬하며 감사한다.

다산 선생께서 "이제야 겨를을 얻었구나."라며 600여 권의 저술 활동을 했듯이 나 혼자만의 시간은 다산의 수많은 저술을 넘겨가며 인생 3막의 새로운 여정을 뚜벅 뚜벅 걸으며 목적 있는 삶을 위한 소중한 시간이었다.

그동안 겉모습의 나를 위해 얼마나 수고를 해왔는가를 생각하며 이제 진정한 속사람인 나의 모습을 바라보며 어떤 삶이 진정한 삶인가를 생각하는 나 자신과의 만남은 지금까지의 삶 가운데 최고의 축복받은 시간이었다.

한 번도 경험하지 못한 나만의 시간은 일에 몰입할 수 있는 에너지를 공급하면서 그동안 잠재된 문학 감성을 자극하여 글도 쓰고 시를 읊게 되는 소중한 시간이었다. 지난날을 성찰하며 다산 선생께서 남기신 책을 하나하나 밑줄 그으며 메모하며 다산의 심부름꾼 1호로서 역할과 사명이 무엇인가를 고민하며 마음의 속살과 근육을 채우는 일이 바로 너무나 소중한 세 번째 축복의 샘터였다.

그리고 번외로 나의 호를 갖게 된 것이다.

다산의 심부름꾼답게 살기 위해서 호를 하나 생각하던 중 어느 날 번개처럼 스치는 가운데 초석(艸石)이란 단어가 생각났다. 다산초당에 초(艸)자에 정석(丁石)바위의 석 자로 다산이 소중하게 생각하는 백

〈정석(丁石)바위〉

성들인 민초와 애민의 마음이 새겨진 정석바위의 의미를 지닌 호이다. 다산정신의 계승발전을 위한 심부름꾼에게 정말 꼭 맞는 호가 아닌가라는 생각에 이 또한 큰 축복이라고 생각한다. 艸石 진규동 박사!

다산은 정석바위에 다음과 같은 의미를 담아서 새겼다고 한다. 그 마음을 새기며 심부름꾼 노릇을 해야겠다고 다짐한다.

- 백성이 근본임을 헤아리며 다스린 치수의 우임금
- 최고의 목민관으로 민생을 품어 다스린 정승 부열
- 백성의 생사고락 시로 함께 풀어낸 귀거래 도연명
- 백성을 생각 성찰하며 큰 바위에 매일 절한 미불

PART 1

금수저의
황금시대

:

01

뼈대 있는 집안의 금수저로 태어나

다산은 18년 유배에서 돌아온 지 4년 뒤인 회갑 때, 집필한 〈자찬묘지명〉에서 자신의 태생에 대하여 자세히 적었다.

다산의 아버지 휘(諱)는 재원(載遠)으로 과거를 보지 않고 조부의 공으로 벼슬을 받아 진주 목사까지 하였고, 어머니는 해남 윤씨(海南尹氏)였다.

다산은 1762년(영조 38) 6월 16일, 지금의 남양주인 한강가의 마현리에서 태어났다. 정씨(丁氏)의 본관은 압해(押海)로 고려 말엽에 배천에 살았는데, 조선이 개국하면서 도읍을 정하자 마침내 한양에 살게 되었다.

집안에서 벼슬한 조상은 승문원 교리이며, 이로부터 계속하여 홍문관 부제학, 병조 판서 옥형, 의정부 좌찬성, 대사헌, 강원도 관찰사, 홍문관 교리, 병조 참의 등으로 조상들의 경서와 사적의 관리, 왕의 자문에 응하는 일 등을 맡은 홍문관에서 일을 한 뼈대 있는 집안에서 태어났다. 그 뒤로는 시운이 막혀서 고향인 마현에 옮겨 살았는데 3세(世)가 모두 무위무관으로 벼슬 없이 마쳤다.

다산은 어려서 매우 영리하여 제법 문자를 알았으며, 9세에 어머니의 상을 당하였다.

학문의 열의

다산은 10세가 되어 비로소 학과에 힘썼는데 5년간은 아버지가 벼슬하지 않고 한가로이 지냈으므로 다산은 이때 부친으로부터 자율학습을 통해서 경사(經史)와 고문(古文)을 꽤 부지런히 읽을 수 있었고, 또 시율(詩律)로 칭찬을 받았다.

15세에 장가를 들었는데, 그때 부친이 다시 벼슬하여 호조 좌랑이 되어 서울에 거주하게 되었다. 이때 이가환이 문학으로 명성을 떨치고 있었으며, 며느리의 아버지 이승훈이 뜻을 세워 성호 이익 선생의 학문을 근본으로 그 뜻을 받들고 계승하였다. 다산은 이러한 이승훈의 뜻에 함께 동참하여 성호 이익의 저서를 보고 흔연히 학문하기로 마음먹었다. 그런 가운데 부친이 화순 현감으로 나가게 되어 그 이듬해에 동림사에서 독서하였다.

1780년(정조 4) 봄 부친이 예천 군수로 옮겨져 그로 인해 진주를 유람하고 예천으로 와서 황폐한 향교에서 독서하였다. 그리고 1782년(정조 6) 가을에 봉은사에서 경의(經義)의 과문(科文)을 익히고 학습을 하였다.

정조의 핵심인재로 등극

1785년(정조 9) 봄에 진사가 되어 성균관에 들어가 타향살이를 시작하였다. 이때 정조가 "중용강의" 80여 조에 대한 숙제를 내리면서 답을 작성토록 하였다.

이때 다산은 학식이 넓고, 성품이 우아한 친구 이벽을 찾아가 함께 왕이 낸 숙제를 하였다. 정조 임금이 답을 보고 칭찬하여 제일로 삼았다고 하였다.

도승지인 김상집이 사람들에게 "정약용이 이와 같은 칭찬을 얻었으니, 반드시 크게 떨칠 것이다."라고 하였다.

1787년(정조 11) 이래 다산에 대한 왕의 총애는 더욱 성대하였다.

1789년(정조 13) 문과에 합격하여 규장각에 마련된 교육 및 연구과정인 초계문신이 되었다. 그리고 그해 겨울 한강에 주교를 설치하는 공사에 참여하여 규제를 저술하여 올렸다.

1790년(정조 14) 2월에는 예문관 검열이 되었으나, 나가지 않자 괘씸죄로 해미현으로 유배되었으나, 10일 만에 귀양이 풀려 돌아와서 사헌부 지평, 사간원 정언이 되었다. 10월에는 사헌부 지평이 되었고 겨울에는 시경의 800여 조항을 바쳐, 정조에게 크게 칭찬을 받았다.

1792년(정조 16) 3월에는 홍문관 수찬이 되었다. 부친 상중인 겨울에 수원성 축조의 규제와 "기중가도설"을 지어 올렸다.

1794년(정조 18) 7월, 성균관 직강이 되었고 8월에 군사 기밀을 다루는 비변랑이 되었다. 또 겨울에 홍문관 교리, 수찬이 되었고, 11월에 암행어사가 되어 적성, 마전, 연천, 삭령의 민정을 살피었다.

1795년(정조 19) 1월, 사간이 되었다가 곧이어 동부승지가 되었고, 2월에 병조 참의가 되었다.

1796년(정조 20) 11월, 병조 참지가 되었으며,

1797년(정조 21) 6월 동부승지가 되었으나 "변방사동부승지소(辨謗辭同副承旨疏)"를 올려 자신을 천주교 신자라고 비방하는 것에 대해 젊은 날 한때 마음을 두었던 것은 사실이나 30세 이후 명에 따라 오직 직무에 몰두했음을 밝히고, 사직을 청하였다. 그해 윤 6월, 황해도 곡산 도호부사가 되었다. 그리고 1799년(정조 23) 4월, 병조 참의가 되었다.

다산은 이처럼 정조 즉위 동안 정조의 측근으로 치열한 당파싸움 속

에서도 정조의 보살핌 속에서 다양한 업무는 물론 다산의 학문 세계를 확산하는 데 크게 기여하게 되었다. 이것은 정조의 다산에 대한 기대와 미래 핵심인재로서 육성코자 하였음을 알 수가 있다. 그 과정 속에서 다산은 젊었을 때 천주교를 믿었다는 구실로 반대 세력으로부터 수많은 비난과 비방 그리고 상소를 받아 한직으로 쫓겨나기도 하고 유배를 가기도 하였다. 하지만 그때마다 정조 임금은 정약용을 감싸며 미래 자신의 확실한 인재임을 믿고 신뢰하였던 것이다.

02

정조의 다산 총애와 반대파의 시기 질투

예쁨도 미움도 다 자기 하기 나름이다.

다산은 정조가 보기에 학문에 대한 폭과 열정이 남달리 뛰어나 나라의 귀한 인재로 쓰기에 충분하였다. 그래서 때때로 어려운 문제를 통해서 학문의 폭을 더욱더 넓혀가도록 하기도 했다. 하지만 다산과 정조는 때로는 임금과 신하 관계를 떠나서 학문적 교우 같기도 하였다.

어느 날 정조는 다산과 함께 한자 놀이를 하였다.

정조 "보리뿌리 - 맥근맥근(麥根)"

다산 "오동열매 - 동실동실(棟實)"

정조 "아침까치 - 조작조작(朝鵲)"

다산 "낮 송아지 - 오독오독(午犢)"

앞에 두 문장 맥근맥근과 동실동실은 우리말과 한자의 발음이 같은 것으로 맥근 맥근은 보리 맥(脈)자에, 뿌리 근(根)으로 보리뿌리가 맥근맥근하다는 표현이고, 동실동실은 오동나무 동(棟)자에, 열매 실(實)로 오동열매가 동실동실한 것을 표현하는 것이다.

그리고 뒤에 두 문장 조작조작과 오독오독은 우리말의 의성어와 한자의 발음이 같은 것을 견주어 익살스런 재치를 보여주는 것으로, 조작조작은 아침 조(朝)자에, 까마귀 작(鵲)자로 아침의 까치를 의미하고, 오독오독은 낮 오(午)자에, 송아지 독(犢)으로 송아지가 오독오독 여물을 씹는 소리를 표현한 것이다.

또 하루는 한자 중에서 세 자가 한 글자로 합성된 한자 찾기를 하였다. 즉, 맑을 정(晶), 간음할 간(姦), 수풀 삼(森), 돌무더기 뢰(磊) 등과 같은 세 글자가 합쳐진 글자 내기였다. 서로가 모은 글자를 대소, 비교하려 할 때 다산은 정조께 아뢰었다.

"전하! 전하께서는 아마도 한 글자만은 저에게 당할 수가 없을 것입니다." 하였다. 그러자 정조가 "자전에 있는 것을 하나도 빠짐없이 모두 다 썼는데, 그게 웬 말이냐?" 하고 물었다.

다산은 "그래도 한 글자만은 모르실 것입니다." 하고 대답하였다. 비교해 본즉, 정조는 석 삼(三) 자를 기입하지 않았다. 그래서 정조와 다산은 크게 한바탕 웃었다.

이처럼 정조와 다산은 학문적으로 서로가 벗과 같이 지낼 만큼 다정다감했다. 하지만 한편으론 수시로 강론과 토론을 통하여 다산의 역량을 확산토록 하였다.

그 가운데 정조가 '중용'에 대해 내린 70가지 질문 중 이(理)와 기(氣)의 선후에 대한 율곡과 퇴계의 주장에 대한 다산의 의견을 묻는 것이 있었다.

다산은 이에 대하여 이벽과의 토론을 통하여 다음과 같이 풀어서 옮겼다. 이 부분을 정민 교수가 풀어쓴 내용을 인용하자면 다음과 같다.

"신(다산)은 사단(四端)을 이(理)에 넣고, 칠정(七情)을 기(氣)에 두는 이분법적 사고에 오래 의문을 품어왔습니다. 만약 이런저런 주장에 얽매지 않고 선입견 없이 본다면 쉽게 따질 수가 있을 것입니다. 기란 자유지물 즉, 제 스스로 존재하는 것이고, 이(理)는 의부지품, 곧 실재에 기대어서만 드러나는 개념적인 것입니다. 의부지품은 반드시 자유지물에 기대야만 합니다. 실재가 있은 뒤에 개념이 나오기 때문입니

30

다. 그렇다면 기를 펴서 이가 여기에 올라탄다(기발이승: 氣發理乘)고
는 할 수 있어도 이를 펴서 기가 따라온다(이발기수: 理發氣隨)고는 말
할 수 없겠습니다."

퇴계의 주리설을 부정하고 율곡의 주기설에 손을 들어준 모양새가
되었다. 다산의 이러한 견해에 대하여 정조는 다산을 칭찬했다.

이래저래 다산에 대한 정조의 총애는 날이 갈수록 깊어졌다.

1789년(정조 13) 봄에 다산은 임금께 올리는 성균관 시험에 수석을
차지하여 정조의 특명으로 과거시험자격을 받아 과거시험에 나아가
갑과 제2인을 차지하니, 정조가 직접 희릉 직장으로 임명하였다. 그리
고 내각의 채제공 이하 10여 인 등이 궁궐 내 말을 타고 궁성 담장을
따라 한 바퀴 돌면서 이곳저곳을 구경하며 연회를 베풀기도 하였고,
또 정조가 탄 수레를 창덕궁으로 옮겨 주상이 활을 쏘고 신하들에게
구경하도록 하고, 저녁때에 부용정에 이르러 꽃을 구경하고 고기를 낚
고, 배를 띄우고 정조의 분부에 응하여 시를 읊기도 하였다.

한편으로 다산은 정적들로부터 끊임없는 투서로 인하여 어쩔 수 없
이 정조가 한직으로 내려 보내기도 하였다. 그것은 냉각기를 통하여
정적들을 달래려 한 것이다.

하지만 정조의 다산 사랑은 변함이 없었다. 왜냐하면, 곡산 도호부

사로 강등되어 내려가게 되었을 때 정조는 직접 다산의 이름을 써서 임명하였다. 그러면서 정조가 "부임지로 가는 다산에게 임금은 지난 번 상소문은 문서를 잘 구사했을 뿐만 아니라 심사도 빛나고 밝으니 참으로 우연히 그렇게 된 것은 아니다. 바로 한번 승진시켜 등용하려 했는데 의론이 들끓으니 왜들 그러는지 모르겠다. 한두 해쯤 늦었다고 해서 해로울 것 없으니 떠나도록 하라. 장차 부르리니 너무 슬퍼할 필요는 없다. 먼젓번 부사 때는 치적이 없으니 잘하도록 하라"라고 하였다.

다산에 대한 한없는 애정으로 장차 조선을 이끌어갈 인재로 생각하며 다양한 경륜과 학문적 역량을 쌓도록 군신 간의 관계를 떠나 학문적으로는 동료와 같은 인간성을 바탕으로 조선의 꿈을 키우고자 했던 정조의 다산에 대한 사랑은 지금 생각해도 정겹기 그지없다.

:

03

위대한 분노의 주인공 암행어사 다산

2019년 서울대 졸업식 축사에 나선 '방탄소년단'을 세계적 스타로 키워낸 방시혁 대표가 "부조리에 분노하라"는 축사를 했다. 방 대표는 이날 축사에서 "제게는 원대한 꿈이 없는 대신 분노가 있었다. 분노가 저를 움직이게 한 원동력이었고, 제가 멈출 수 없는 이유"라고 말했다.

200여 년 전 다산은 조선의 부패와 백성들의 피폐한 삶을 바라보며 분노하면서 일평생을 살았다고 해도 과언이 아니다.

특히 암행어사 때 비리에 분노한 사건은 다산 평생의 여정에 걸림돌이 되었다.

다산은 33살 젊은 나이에 암행어사로 경기북부지방을 감찰하게 되었다.

서용보의 친척 집안사람이 꾀를 부려서 향교 터를 묘지로 삼고, 땅이 불길하다는 소문을 내서 유림들을 협박해 향교 명륜당을 헐고 옮기려 했다.

다산이 이 사실을 적발하여 곧바로 그자를 체포하여 처벌하였다. 그당시 서영보는 경기도 관찰사로 근무했다. 또 다산은 서용보가 임금님의 행차가 과천행으로 금천방향으로 다니지 않는데도 임금의 행차를 핑계로 금천의 도로 보수비를 높게 책정하여 받아낸 것을 적발하여 임금에게 자세히 보고했다.

이런 일들로 다산과 서용보는 불편한 관계였다.

그런데 정순대비와 순조의 신임이 두터웠던 서용보는 노론벽파로 신유사옥 때는 우의정이라는 높은 벼슬에 올라 다산을 재판할 때 결정적인 역할을 하였다.

그는 대신들의 부정부패에 대한 다산의 공정한 처벌에 대한 반성은커녕 보복을 통해 다산을 치명적으로 유배까지 보내게 된다.

1801년 봄 신유사옥 때 다산 삼 형제는 모두 체포되어 신문을 받고 정약종은 참수당하고, 정약전 정약용 형제는 유배를 당한다.

많은 대신들이 두 형제를 석방하자고 하였으나 서용보가 강력하게 반대하여 유배령이 내려졌다.

또 1803년 강진에서 유배 생활하는 정약용을 풀어 주라는 정순대비 명령이 떨어졌으나 이때도 서용보의 방해로 해배되지 못했다.

1810년 아들 학연이 나라에 억울함을 호소 해배 명령이 내려졌으나 홍명주, 이기경의 반대로 실현되지 못하였다.

1818년 서용보가 벼슬에서 물러난 후 마침내 고향으로 돌아갈 수 있었다.

1819년 겨울에 조정에서 다시 논의가 있어 다산을 등용하여 백성을 편안히 하려 하였으나 이때도 서용보의 반대로 이루어지지 못했다.

비리로 분노한 다산, 당파로 피폐해진 조선 사회에서 천주쟁이로 몰려 죄 아닌 죄로 18년의 유배 생활 속에서도 시련과 고난의 세월을 밝혀준 것은 바로 다산의 분노였다.

관직에 있을 때부터 유배 생활 현장에서 보고 듣고 한 민생에 대한 파탄과 국정 문란에 대한 다산의 분노는 바로 위민과 위국의 정신으로 승화되었다.

백성의 피폐한 모습을 보면서 함께 울었고, 조선의 부패한 모습을 보며 분노하면서 경학을 통해 마음을 추스르고, 경학을 바탕으로 나라와 백성을 위한 경세학으로 차분하게 일표이서를 썼다.

마치 술 취한 사람이 이야기하면 아무리 옳은 이야기를 해도 취한 말이라고 무시하듯이 유배를 와서 마음도 추스르지 못한 상황에서 아무리 좋은 이야기를 하고 글을 쓴다고 한들 진심을 이해하고 받아 줄 사람이 있겠는가? 그래서 다산은 우선적으로 냉정을 되찾으려고 힘썼다. 그러한 냉정함으로 분노를 승화시키면서 18년이라는 시련과 고난의 우울한 터널을 밝히며 지내왔다.

썩을 대로 썩어 버린 조선사회가 비리에 분노한 다산의 위대한 저술을 바탕으로 뒤늦게라도 정신을 차렸더라면 조선의 역사가 바뀌었을 것이다. 역사에 가정은 없다고 하지만, 그렇게 위대한 목민관이자 정치가인 다산이 평생을 버림받아야 했는가를 생각하면 지금도 분노가 끓어 오른다.

아마도 '방탄소년단'을 세계적 스타로 키워낸 방시혁 대표가 다산의 분노를 헤아린 것은 아닌가 싶다.

04

백성을 배부르게 하는 길은 3농 정책

왕이 묻는다.

"노력하여 토지에서 생산되는 재물을 늘어나게 하는 것이 농사이다. 농사는 백성들의 생활을 후하게 하고 국가의 경제를 넉넉하게 하는 것이다."

다산은 대답했다.

"신은 삼가 생각하건대 선비와 농사꾼 두 갈래로 나누어지면서 천하의 농사가 날로 폐단이 있게 되었습니다. 옛날 조정에서 벼슬한 사람으로서 시골에서부터 태어나지 않은 사람이 없었습니다. 주나라의 주공은 농사짓는 어려움을 안 사람이었습니다. 그래서 농사짓는 고달픔을 고루 맛보았으므로 백성들을 잘 다스렸습니다. 그러다가 선비들이 과거시험에 매달리고 시험과목이 늘어나게 되자 혀만 나불대며 놀고먹는 백성이 푸른 띠를 늘어뜨리고 붉은 사슴가죽 인끈을 걸치게 되면서부터 백성을 좀먹고 농사를 피폐하게 하는 법이 진실로 이런 무리들에게서 연유한 것입니다."

다산은 1790년 여름 임금께 드리는 '농책(農策)'을 통해서 농사에 대하여 상세하게 글을 올렸다. 이는 '조선은 농경사회로 모든 경제 활동의 기본이 농사다.'라는 것을 적시하고 있다. 농사 결과에 따라 모든 일들이 이루어지는데 갈수록 피폐해지는 농정에 대하여 정약용은 누구보다 깊은 우려를 하고 있다.

농민들이 농사를 잘 지어 풍년이 되어야 나라의 살림살이는 물론 군량미도 쌓이게 되는데 농사를 천시하고 모두가 양반행세로 혀만 나불대며 놀고먹는 사람들이 푸른 띠를 늘어뜨리고 붉은 사슴가죽 인끈을 걸치고서 어슬렁거리면서 백성들을 우려먹고 농사를 피폐하게 하고 있다는 것을 임금께 고하고 있다.

다산은 "하늘(天時)과 땅(地利)과 사람(人和)이라는 3재(三才)가 어울려 농업을 일군다."라고 하였다. 그런데 사람들이 농사를 천시하고 양반으로만 행세하려 하니 잘못되어도 한참이 잘못된 것이다.

이에 다산은 지주제도의 폐해를 혁파하는 토지개혁론(田論)을 주창한다.

농사짓는 자가 농지를 가지고 있어야 한다는 경자유전(耕者有田)의 원칙을 바탕으로 농지의 재분배를 통하여 협동농장형태로 운영하는 방안이었다. 당시로서는 토지제도의 개혁은 혁명적인 주장으로 다산의 개혁성과 사회제도의 개선에 대한 의지를 엿볼 수가 있다. 그리고 다산은 곡산부사로 일하면서 임금께 올린 농정에 대한 글에서 보다 구체적 방안으로 3농 정책을 제시하고 있다.

그 첫 번째가 편농(便農)이다.

편농이란 원래 공업에 비하여 농사짓기가 불편하고 고통스러우니, 경지정리, 관개수리, 기계화를 통하여 농사를 "편히 지을 수 있는 농사(便農)"가 되도록 해야 한다는 것이다.

그러면서 중국은 하천을 파고 배로 물건을 실어 나름을 통해서 물관리를 하였다며, 하루아침에 배울 수 있는 것은 아니지만 높고 낮은 지형을 살피고, 개천, 도랑 등을 정비하여 농사일을 수지맞게 하도록 해야 한다고 하였다.

두 번째가 후농(厚農)이다.

농사란 장사보다 이익이 적으니, 정부가 각종정책을 베풀어 "수지맞는 농사(厚農)"가 되도록 해주어야 한다는 것이다. 즉, 농업이 피폐하게 된 까닭은 나라에서 춘궁기에 백성에게 대여한 환곡의 이자에 폭리를 취하는 데서 생긴다는 것이라고 하였다. 그러면서 지금은 제도나 법이 문란하여 아무리 환곡을 해마다 증가하고 달마다 증가하더라도 어찌 부족함을 면할 수 있겠느냐고 한탄하였다.

세 번째는 상농(上農)이다.

농민의 지위가 선비보다 낮고 사회적으로 대접을 제대로 받지 못함에 비추어 "농민의 사회적 위상을 높이는 정책"을 펼쳐야 한다는 것이다.

다산은 상농(上農), 즉 과거제도를 없애면 농업은 스스로 높아질 것이라고 하였다. 왜냐하면 벼슬도 하지 않고 농사도 짓지 않으면서 평생에 글 한 자를 읽지 않고서도 양반으로 자부하는 사람들이 넘치기 때문이었다.

거드름 피우며 사람들을 깔보고, 쟁기를 더러운 물건같이 여기며, 힘들여 일하는 것을 부끄럽게 여겨 몸소 하지 않으며, 손가락 하나 움직이지 않고서 가만히 앉아 헐벗고 굶주림을 감수하고 있는 양반들을 바라보며 다산은 조선의 농업을 살리는 길은 오직 "생산하는 자가 많고 먹는 자가 적으면 재물이 항상 풍족하다."는 논어의 이야기가 울려 퍼지길 바라는 간절한 마음으로 임금께 글을 올렸다.

다산은 농업·농촌문제를 나라와 겨레 발전의 필수기본조건으로 인식하고 있었다. 농민들에 대한 관료와 토착세력들의 수탈을 고발한 "애절양(哀絶陽)"이나 "기민시(飢民詩)"와 같은 사회 고발성 시를 통해 사회정의 확립과 민생의 바른 길을 깨우쳐 진정으로 나라가 바로 서고 백성들이 배부르게 먹고 사는 나라가 되길 바랐다.

"백성의 근본을 확립시키는 것은 오직 균전(均田)이란 두 글자에 달렸습니다. 밭두둑의 형세에 따르고 기름지고 메마른 토지의 등급을 헤아려, 전지의 많고 적음을 제한하고 빈부격차를 평균하게 하는 것은, 오직 손에 호적과 지도를 쥐고 묵묵히 전략을 짜서 어떻게 운용하느냐에 달려 있습니다. 이처럼 하고 난 다음에라야 인구의 실제 총수를 파악할 수 있고, 병사는 국가를 위하여 죽을 마음이 있게 되며, 천하의 농부들이 모두 즐겁게 들에서 농사짓기를 원할 것입니다. 이는 오직 전하께서 밝게 살펴 힘써 행하기에 달렸습니다."

- 농책(農策) / 다산시문집 제9권

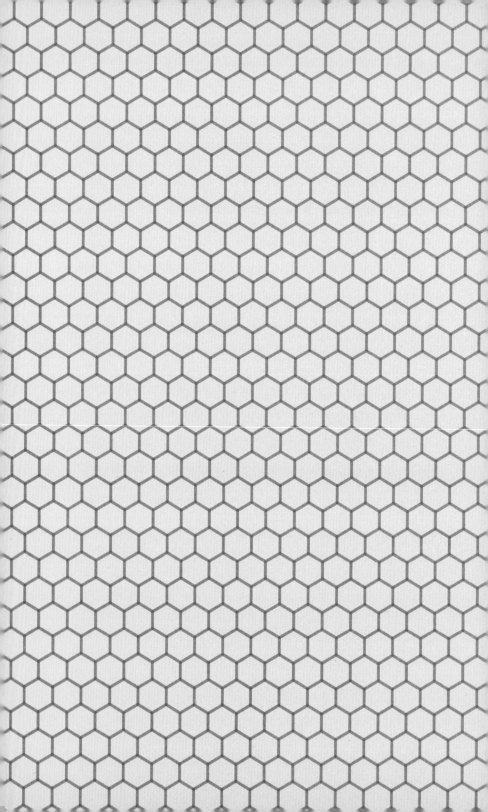

PART 2

무너지는 건
한순간

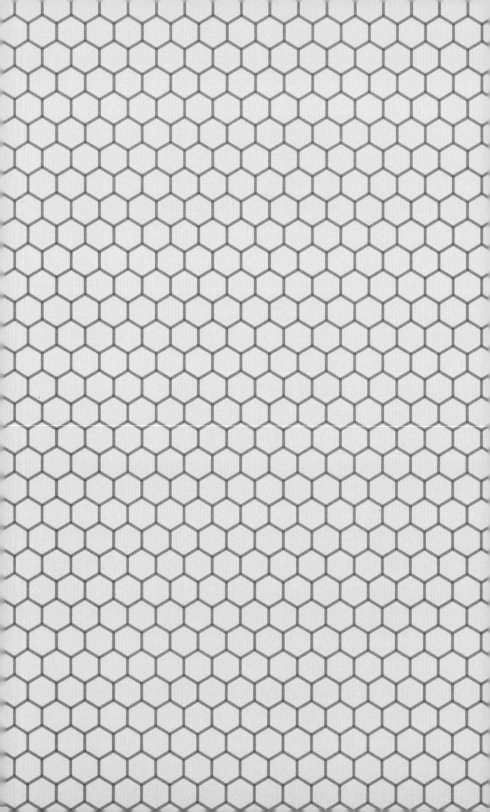

귀족에서 폐족으로

순간의 선택이 10년을 좌우한다는 광고문구가 생각난다. 하지만 다산과 천주교와의 만남은 평생을 좌우하였다.

때는 1784년 4월, 다산 23세 때이다.

다산은 큰형수 제사를 위해서 고향 마재를 갔다. 이때 큰형수의 동생인 이벽이 제사에 참여하였다.

다산은 제사를 지내고 서울로 돌아오는 길에 이벽과 둘째 형 정약전이 함께 배를 타고 돌아오게 된다. 다산의 운명은 여기서부터 새로운 길로 들어서게 되는데 그게 바로 이벽의 천주교에 대한 설교를 들으면서부터이다.

4월 15일, 누님 제사를 마치고 서울로 오는 배 안에서 이벽은 두 형제에게 천주교 관계서적을 보여주며 그들에게 읽게 한 것이다.

이벽은 1783년 북당의 그라몽 신부(중국명: 양동재 신부)의 인정을 받아 베드로라는 세례명을 받은 이승훈에게 천주교 세례를 받은 사람이다. 다산은 이때부터 천주교가 일생의 명운을 가르는 만남이 된다. 다산은 이때의 상황을 1822년 회갑 때 쓴 정약전 형 묘지명에 다음과 같이 기록하고 있다.

"1784년 갑진년 4월 15일, 큰형수의 제사를 지내고 우리 형제와 이벽이 함께 배를 타고 물결을 따라 천천히 내려오는 배 안에서 천지조화의 시초 사람과 신 삶과 죽음의 이치를 듣고 황홀함과 놀라움과 의아심을 이기지 못했는데 마치 장자에 나오는 하늘의 강이 멀고 멀어 끝이 없다는 것과 비슷했다. 서울에 온 뒤로 이벽을 따라다니며 천주실의 칠극 등 여러 권의 책을 읽고 흔연하게 그쪽으로 기울기 시작했다. 그러나 그때는 제사를 지내지 말아야 한다는 말이 없었으며 신해년 겨울 1791년 진산 사건 이후로 나라에서 금하는 일이 더욱 엄중해지자 입장의 차이가 마침내 구별되었다."

- 선중씨 묘지명 /다산 정약용 평전 /128페이지

이 당시 조선사회를 살펴보면 유교의 폐해와 더불어 당파싸움의 소용돌이 속에 나라는 안중에도 없고 오직 노론 그들만의 안위를 위한 세상이었다. 그런 가운데 다산과 천주교의 만남은 새로운 세상에 눈 뜨게 되었고, 이를 계기로 유교의 렌즈로만 보았던 세상을 또 다른 렌즈로 또 다른 세상을 보면서 그의 세계관은 변하게 되었다. 특히, 초창기 천주교로 알고 받아들였던 천주교가 당시 조선사회의 유교문화와 너무나 동떨어진 문화로 빚어지는 사건사고로 말미암아 천주교가 아닌 천주학으로 즉, 하나의 학문으로 받아들였다. 하지만 노론은 끈질기게 다산과 천주교를 엮어서 매장시키려고 하였다.

마침내 다산은 1791년 외사촌 윤지충이 천주교 신앙에 빠져 제사를 폐지한 진산사건으로 반대파의 표적이 되기 시작한다.

또 1795년 5월 중국인 신부 주문모가 몰래 입국하다 발각되어 체포명령이 떨어졌으나 주문모는 피신하게 된다. 그리고 5월 12일 새벽 주문모를 숨겨준 지황, 윤유일, 최인길 등이 처형되면서 주문모 신부 입국에 이가환 등이 배후라는 모략과 중상에 임금도 괴로워하다가 어쩔 수 없이 공조판서 이가환을 승정원 승지로, 다산을 금정도 찰방으로 좌천시키게 된다.

또 1797년 6월 20일 동부승지에 낙점되었으나 벼슬을 사양한다는 사직소를 올린다. 아울러 그동안 자신이 천주교 신자라는 비방과 모함을 받았던 전말을 상세히 기록하여 임금께 올렸다. 그것이 바로 유명한 변방사동부승지소라는 3천 자가 넘는 장문의 글이다.

그러나 정조는 1797년 윤 6월 2일 황해도 곡산 부사로 발령을 낸다. 참 안타까운 일이다. 임금마저도 노론들이 집단적으로 들끓으니 어찌할 도리가 없었던 것이다. 그러다 다산에게는 정조의 사망이라는 청천벽력 같은 일이 발생했다. 정조의 사망과 더불어 순조 임금 뒤에서 수렴청정하던 정순대비는 오가작통의 법을 실시하여 천주교도를 일망타진하겠다는 결의로 전교를 내리면서 천주교에 대한 탄압은 극에 달한다.

1801년 2월, 다산의 형인 정약종은 천주교에 대한 탄압을 피하기 위하여 하인을 시켜 천주교 서적과 일기와 주문모 신부의 서한 등을 농짝에 넣어 옮기던 중 발각되는 사건이 발생한다. 이것이 바로 신유교옥 또는 책롱사건이라고 한다. 이것이 빌미가 되어 정약종은 혹독한 고문을 당하고 부인과 자녀들까지 서소문 밖 형장에서 순교를 당하였다. 이때 다산과 둘째 형인 정약전도 체포되어 정약전은 신지도로, 다산은 경상도 장기로 유배를 가게 된 것이다. 그리고 다산과 가까운 인물로서 이가환, 권철신, 이승훈 등이 사학의 죄목으로 처형되었다.

또 1801년 9월에는 황사영 백서 사건이 발생한다.

황사영은 다산의 큰형인 정약현의 사위로 다산의 조카사위이다. 황사영은 천주교 북경 주교에게 1801년 신유옥사에서 천주교인들이 받았던 박해의 전말과 향후 조선을 천주교 재건을 위한 방책을 하얀 비단에 적어 북경의 주교에게 보내려고 한 13,484자의 길고 긴 편지이다.

황사영은 다산의 맏형인 정약현의 딸 마리아 명련과 결혼해 처가에 드나들며 당대의 신앙인이자 처숙 되는 정약종과 상종하면서 천주교 교리를 배우게 되었다.

이 사건으로 다산은 장기에서, 정약전은 신지도에서 다시 끌려와 투옥되었다. 신문 결과 황사영 사건과 연관성을 찾지 못하였지만, 천주쟁이라는 이유만으로 다산은 강진으로, 형인 정약전은 흑산도로 유배지를 바꾸어 보내게 된다.

그야말로 다산의 운명은 얽히고설킨 실타래만큼이나 얽혀버렸다.

주변 모든 사람들이 천주쟁이로 몰리면서 아무리 몸부림쳐도 정조의 그림자가 보이지 않은 상황에선 그저 한 죄인으로밖에 취급되지 않았다.

이렇게 평생을 천주쟁이로 낙인찍혀 기나긴 세월을 강진에서 유배 생활을 겪어야만 했다.

궁궐에서 주막집 골방으로

한양에서 출발하여 열흘 이상 걸려 도착한 강진은 겨울답게 춥고 싸늘하였다.

고문으로 온몸을 가누기조차 힘들고 마음은 어디에다 둘 곳도 없는 황량한 사막보다 더했다. 겨우 주막집 주모의 배려로 주막 뒤쪽 허름한 곳에 몸을 추스르고 있자니 어쩌다 이리 되었는지 한심하기만 했다. 생각조차 하기 힘든 나날, 이두운 골방에서 겨우 몸을 추스르며 주막집 아낙네들의 시끌벅적한 소리가 더더욱 마음을 어수선하게 하고 있었다.

고대광실 궁궐에서 누리며 살던 때가 엊그제인데 하루아침에 나락으로 떨어져 몸 하나 가눌 수가 없게 되다니 참 세상은 알다가도 모를 일이었다.

다산은 옛 시를 떠 올리며 좋은 시절 잘 나갈 때야 누가 부러워하지 않을 사람이 있었겠는가만, 억울한 누명을 쓰고 이렇게 나락으로 떨어져 유배되니 모두가 못 본체 함을 시로써 달래었다.

하늘과 땅은 넓고도 넓어 만물로도 채울 수가 없지만, 작디작은 이 몸 하나 주막집 뒷방 하나면 되니 아낙네들이 아무리 시끄럽게 잠 못 이루게 한들 무슨 상관인가. 이곳도 낙원이라 지친 심신을 달랜다는 내용이었다.

만물은 제각기 분수가 있고 / 萬物各有分

힘이나 숙명이 서로 다른 게 많아 / 力命多不敵

청학은 높은 소나무에서 살고 / 靑鶴巢喬松

황작은 갈대에다 둥지 틀어야지 / 黃雀巢葦荻

황작이 높은 소나무에서 살다간 / 黃雀巢喬松

바람 불면 뿔뿔이 흩어지고 말아 / 風吹遭蕩析

난쟁이 주제에 짧은 옷 주었대서 / 僬僥受短襦

불평을 품을 것이 뭐라던가 / 胡爲衝戚戚

조절을 꼭 그리워할 것 없이 / 藻梲何須慕

진창길이 바로 제격인 것이지 / 泥塗方自適

- 고시(古詩) 27수 중 / 다산시문집 제4권

춥고 어둑한 주막거리, 술주정뱅이들의 악다구니 소리, 어둠 속 길가는 사람들 놀라게 하는 개새끼들, 귀찮게 물어대는 모기들, 곤충들, 온갖 나방들, 다 떨어진 멍석들, 흙탕길 등등 한 번도 겪어보지 못한 이런 것들에 이제는 익숙해져야 했다.

다른 도리가 없었고 더 이상 소망이 없었다.

그러나 소망 없이 사는 게 얼마나 불행한지를 다산은 많은 고전을 통해서 익히 알고 있었다. 그리하여 다산은 자신의 모습을 바라보며 다짐을 한다. 더 이상 유배라는 굴레에서 헤매지 않고 새로운 소망의 길을 가자고. 소망 없이 사는 것은 영원한 불행을 초래하는 요인이 된다고 생각했다. 또 다른 삶의 형태와 비교할 여유도 없었다. 그렇다고 더 이상 소망마저 버릴 수는 없었다. 그래서 사의재기를 써서 자신을 다시 한번 추스르게 된다.

사의재(四宜齋)라는 것은 내가 강진에 귀양 가 살 때 거처하던 집이다.

생각은 마땅히 담백해야 하니 담백하지 않은 바가 있으면 그것을 빨리 맑게 해야 하고, 외모는 마땅히 장엄해야 하니 장엄하지 않은 바가 있으면 그것을 빨리 단정히 해야 하고, 말은 마땅히 적어야 하니 적지 않은 바가 있으면 빨리 그쳐야 하고, 움직임은 마땅히 무거워야 하니 무겁지 않음이 있으면 빨리 더디게 해야 한다. 이에 그 방에 이름을 붙여 '사의재'라고 한다. 마땅하다[宜]라는 것은 의롭다[義]라는 것이니, 의로 제어함을 이른다. 연령이 많아짐을 생각할 때 뜻한바 학업이 무너져 버린 것이 슬퍼진다. 스스로 반성하기를 바랄 뿐이다.

- 사의재기 / 다산시문집 제13권

즉 생각과 외모와 말과 행동을 통해서 앞으로 유배 생활을 어떻게 해야 할 것인가 소망을 살리는 원칙을 세운 것이다.

너무도 쉽게 포기하고 사는 오늘의 세태를 생각해 보면서 많은 생

〈사의재〉

각을 하게 된다. 우리는 지금 전통세대, 베이비부머 세대, X 세대, 밀레니얼 세대가 함께 살아가고 있다. 그리하여 세대 간의 인식의 차이를 극복하기엔 사회적으로 많은 노력이 필요하다. 특히 디지털에 매우 익숙하고, 모든 것을 빠르게 습득하는 밀레니얼 세대와의 인식의 차이는 매우 크다.

이들은 수능 시대에 학교생활을 했고, 해외여행을 자유롭게 다녔고, 과거의 민주화 운동, 새마을 운동은 아주 옛날 고리타분한 이야기로 여긴다. 이들은 전통세대의 자녀로 1-2명이 귀하게 큰 세대들이다. 이렇게 서로 다른 세대가 급격한 변화와 인식 속에 함께 살아가야 하는 시대이다.

다산의 사의재기는 시련과 고난의 허허벌판에 내동댕이쳐진 삶 속에 소망의 사다리이다. 간절함과 소망의 끈을 놓지 않는 모습은 불확실한 시대를 살아가는 우리 모두에게 주는 지혜이고 소망이다.

:

03

가슴에 못을 박은 아들 농(農)이

한강변에서 아내 등에 업혀 제대로 알아보지도 못했던 자식의 죽음은 다산에게 유배보다 더한 아픔이었다. 안타까움과 그리움에 복받치는 그 마음을 어찌 헤아릴 수가 있겠는가? 오죽했으면 죽은 자식을 위해 글을 지어 보내면서 그리움을 달랬을까!

네가 세상에 태어났다가 죽은 것이 겨우 세 돌일 뿐인데, 나와 헤어져 산 것이 2년이나 된다. 사람이 60년을 산다고 할 때, 40년 동안이나 부모와 헤어져 산 것이니, 이야말로 슬픈 일이라 하겠다.

(중략)

나는 죽는 것이 사는 것보다 나은데 살아 있고, 너는 사는 것이 죽는 것보다 나은데 죽었으니, 이것은 내가 어찌할 수 없는 것이다. 만약 내가 네 곁에 있었다고 하더라도 반드시 네가 살 수는 없었겠지만, 네 어미 편지에, "애가 '아버지가 돌아오시면 나의 홍역이 곧 낫고, 아버지가 돌아오시면 천연두가 곧 나을 것이다.'고 했습니다." 하였는데, 이것은 네가 사정을 헤아리지 못해서 이런 말을 한 것이다. 그렇지만 너는 내가 돌아오는 것으로 마음의 의지를 삼으려 한 것인데 너의 소원을 이루지 못했으니, 정말 슬픈 일이다.

- 농아(農兒)의 광지(壙志) / 다산시문집 제17권

태어난 지 세 돌로 떠나올 때 핏덩이였는데 죽은 것이다.

다산은 이 아이에게 누구보다 가슴 아픈 사연이 있었기에 더더욱 가슴이 아프고 서글픈 것이다.

아들이 태어나고 1800년, 다산은 천주쟁이라는 딱지 때문에 반대파로부터 비난이 격심해지자 처자를 데리고 고향으로 내려갔다. 그러면서 지난해에 태어난 아들 이름을 농이라고 지었다. 왜냐하면 농사라도 지으면서 속편하게 살았으면 하는 마음이었던 것이다. 화를 당하여 죽는 것보다 낫기 때문이었다.

1801년(순조 1) 겨울에 과천에서 강진으로 유배 오던 날 나를 전

송할 때 애비인 줄도 모르고 제 어미가 나를 가리키며 '너의 아버지이시다.'라고 하니, 농이 따라서 나를 가리키며 '우리 아버지다.'라고 했던 어린 아들이었다. 참으로 슬픈 일이다.

강진에서도 아는 사람이 집으로 돌아갈 때 소라껍질 2개를 보내며 농에게 주라고 하였더니, 농이란 녀석이 강진에서 사람이 올 때마다 소라껍질을 찾다가 받지 못하면 풀이 꺾이곤 하였다는 아내의 편지는 더더욱 내 마음을 아프게 하는구나.

부모보다 먼저 세상을 떠난 자식들을 흔히 부모 가슴에 못을 박는다고 한다. 그만큼 자식의 죽음은 부모에게 커다란 상처가 된다. 나도 어릴 때 밑에 동생을 하나 잃어본 경험이 있다. 얼마나 슬픈지 어릴 때지만 무척 힘들었던 것 같다. 그런데 어머니께서는 안 그런 척하면서도 보이지 않게 많은 눈물을 흘리신 것을 보았다.

눈에 넣어도 안 아까울 자식의 죽음을 듣기만 하고 보지도 못하는 다산의 마음은 처절할 정도로 비참했다. 깎아놓은 듯이 빼어난 모습, 코 왼쪽에 조그마한 검은 사마귀, 웃을 적에는 양쪽 송곳니가 뾰족하게 드러난 모습이 눈앞을 가려 글을 써서 보내는 다산의 마음은 오늘의 부모들의 마음이나 뭐가 다른가!

우리 농(農)이가 죽었다니, 슬프고 슬프구나. 그의 인생이 가련하다. 나의 노쇠함이 더욱 심한데, 이러한 비통을 만나니, 진실로 조금도 마음을 위로할 수가 없구나. 너희들 아래로 사내아이 넷과 계집아이 하나를 잃었는데 그중 하나는 겨우 열흘이 좀 지나서 죽었기 때문에 그 얼굴조차 기억하지 못하는 형편이고, 나머지 세 아이는 모두 세 살 때여서 한창 품에서 재롱을 피우다가 죽었었다. 그러나 모두 나와 너희 어머니 손에서 죽었으니, 그 죽음은 운명이라고 여겨 이번처럼 가슴을 저미듯이 아프지는 않았었다. 내가 이 천애일각(天涯一角)에 있어 작별한 지가 무척 오래인데 죽었으니, 다른 아이의 죽음보다 한층 더 슬프구나. 나는 생사고락(生死苦樂)의 이치를 대략 알고 있는 터에도 이처럼 비통한데, 하물며 너의 어머니는 직접 품속에서 낳아 흙 속에다가 묻었으니, 그 애가 살았을 때의 기특하고 사랑스러웠던 한 마디 말과 한 가지 몸짓들이 모두 귀에 쟁쟁하고 눈에 삼삼할 것이다. 더군다나 감정적이고 이성적이지 못한 부인들에 있어서랴.

나는 여기에 있고, 너희들은 이미 상대해서 하는 짓이 밉기만 했을 것이니, 너희 어머니가 목숨을 의탁하고 있던 한 가닥 희망은 오직 그 아이뿐이었는데, 더구나 큰 병을 앓아서 점점 수척해진 뒤에 이러한 일을 당하였으니 하루 이틀 사이에 따라 죽지 않는 것만도 크게 괴이한 일이다. 이 때문에 나는 너희들 어머니 처지를 생각하여 내가 그 아이의 아비란 것은 홀연히 잊은 채 다만 너희 어머니만을 위하여 슬퍼하는 것이니, 너희들은 아무쪼록 마음을 다하여 효성으로 봉양해서 너희들 어머니 목숨을 보전하도록 하여라.

차후로 너희들은 모름지기 성심으로 인도하여 두 며느리로 하여금 아침저녁으로 부엌에 들어가서 맛있는 음식을 장만하고 어머니의 거처가 따뜻한가 차가운가를 살펴서 시시각각으로 시어머니 곁을 떠나지 않으면서 곱고 부드러운 모습을 가지고 모든 방법으로 기쁘게 해드리도록 해야 할 것이며, 시어머니가 혹시 쓸쓸해하면서 즐겨 받으려 하지 않거든 마땅히 성심껏 힘을 다해서 기필코 환심을 사도록 힘쓰게 해야 할 것이다. 시어머니와 며느리 사이가 매우 화락해서 털끝만큼도 마음속에 간격이 없게 되면 오랜 뒤에는 자연히 서로 믿게 될 것이다. 그리하여 규문에 하나의 화기가 빚어지게 되면 천지의 화기가 응해서 닭이나 개, 채소나 과일 따위도 또한 제각기 무럭무럭 잘 자라서 일찍 죽는 일이 없고, 막히는 일이 없을 것이며, 나 또한 하늘의 은혜를 입어서 자연히 풀려서 돌아갈 수 있게 될 것이다.

- 두 아들에게 답함 임술(1802, 순조 2년, 선생 41세) 12월 / 다산시문집 제21권 / 서(書)

:

04

열사흘 길, 지금은 철마로 2시간

동짓달 북풍한설 몰아치는 겨울, 1801년 11월 9일 다산은 둘째형 정약전과 함께 유배 길에 올랐다. 동작나루에서 처자식 피붙이들 손 흔들며 울부짖던 길을 뒤로하고 과천을 거쳐 충청도 금강을 건너서 나주 율정 삼거리에 도착하니 11월 22일이라. 동작나루터를 떠난 지 열사흘 만이다.

두 형제가 이제는 서로의 유배지를 향해서 다른 길을 가야 하는 나주 율정 삼거리였다. 두 형제가 언제 만날지 기약 없는 유배 길 마지막 밤이었다. 서로가 할 말을 잊고 어쩌다 이렇게 되었는지 마음속으로 서로를 위로하며 긴긴 밤을 지새웠으니 얼마나 기가 차고 가슴이 시리고 아팠을까. 다산은 그 아쉬운 이별의 마지막 하룻밤의 심정을 시로 남겼으니 지금 봐도 그날 밤 형제의 마음을 헤아릴 수가 있다.

초가 주점 새벽 등불 깜박깜박 꺼지려 하는데 / 茅店曉燈靑欲滅

일어나서 샛별 보니 아! 이제는 이별인가 / 起視明星慘將別

두 눈만 말똥말똥 나도 그도 말이 없이 / 脈脈嘿嘿兩無言

목청 억지로 바꾸려니 오열이 되고 마네 / 强欲轉喉成嗚咽

흑산도 머나먼 곳 바다와 하늘뿐인데 / 黑山超超海連空

그대가 어찌하여 이 속에 왔단 말인가 / 君胡爲乎入此中

(생략)

- 율정에서의 이별[栗亭別] / 다산시문집 제4권

두 눈만 말똥말똥 서로가 말없이 쳐다보다 헛기침하다가 오열이 되고 마는 전경이 시 속에 펼쳐진다.

요즘 한 달이면 두서너 번씩 오가는 나주에서 서울 길은 KTX 철마로 2시간이면 오가는 길이다. 200여 년 전 열사흘 길을 이제는 눈 깜짝할 사이에 오간다.

한강나루터에서 강진까지는 보름 길이었다. 하지만 지금은 강진 유배지까지 3시간이면 오고간다. 생각할 겨를도 없이 달리는 철마 속에서 다산의 유배 길을 생각해보면 상상이 되지 않을 정도이다. 하지만 그가 걸어온 길은 지금도 고스란히 흔적을 남기고 있다.

11월 15일경에 "금강을 건너면서 아내에게 주다"라는 시는 그 옛날 아버지가 화순에 있을 때 아내와 함께 건넜던 강으로 20여 년 전 금강의 추억을 되새기며 부인에게 남긴 시이다.

> 해는 이미 석양인데 갈바람 속 금강 머리 / 殘照西風錦水頭
> 붉은 배는 예와 같이 중류에 둥실 떴네 / 紅船依舊泛中流
> 기억도 새로워라 이십 년 전 그 일들이 / 分明二十年前事
> 남으로 갈 길손의 수심을 자아낸다 / 惹起南征一路愁
>
> - 금강을 건너면서[渡錦水] 아내에게 주다 / 다산시문집 제4권

고문당한 몸으로 육신은 만신창이가 되었고 마음도 상한 상태에서 형제의 유배 길은 그야말로 죽지 않은 것이 기적이었다. 대개는 가다가 죽기를 바라고 더욱더 멀리 보냈는지도 모르겠다. 헤어져 강진으로 오는 길은 어쩌면 죽지 못해 오는 길이었다.

처자식 다 버리고 마지막 오던 형과의 생이별을 하고 돌아서는 다산의 모습이 눈에 선하다. 헤어져 쓰라린 가슴을 않고 강진에 도착하니 오갈 데 없는 다산의 그 길은 험난한 유배 길이었다.

지난해 다산의 목민심서 저술과 해배 200주년을 기념하여 도보단을 따라 하루를 걸었다. 다산이 고향으로 가는 길을 따라 걷는 길이다. 첫날 다산초당에서 영암 월출산 누리재를 넘어 영암종합운동장까지 30킬로를 걸었다.

비록 하루였지만 200여 년 전 다산과 함께 걸으며 지난 시절을 생각하며 걷는다고 생각하니 감회가 새롭고 의미 있는 소중한 길이었다.

다산이 월출산 누리재를 보면서 지은 시는 어찌 그리도 눈썰미까지 있는지 놀라울 지경이다. 월출산의 풍경이 도봉산 바위모양을 닮아서 오가는 아낙네들이 뿌린 눈물이 바위를 적시고 있다며 돌아보지 말라고 한다. 자신은 물론 뭇사람들이 그것만 봐도 서울 생각에 눈물 솟구치니 돌아보지 말라는 시이다. 얼마나 고향을 그리는 사람들의 심정을 잘도 표현해 놓았는지 알 수 있다.

누리령 잿마루에 바위가 우뚝한데 / 樓犁嶺上石漸漸
길손이 눈물 뿌려 사시사철 젖어 있다 / 長得行人淚灑沾
월남을 향하여 월출산을 보지 마소 / 莫向月南瞻月出
봉마다 모두가 도봉산 모양이라네 / 峯峯都似道峯尖

- 탐진 풍속 노래 15수 - 다산시문집 제4권

해배 길을 걸으며 고향을 향하는 다산의 심정을 생각하니 만감이 교차했다. 비록 유배 생활이었지만, 다산은 관료생활 때 보지 못한 많은 책들을 보면서 경학과 경세학을 통하여 수기와 치민의 체계를 잡아 다산학이라는 위대한 학문적 업적을 이루었고, 위대한 제자들을 육성하여 다산학단을 이루었다.

다산은 지금도 살아서 우리들의 사상과 정신의 세계를 새롭게 하고 있다.

양쪽 무릎이 아프고 두 발이 부르터서 걷기가 힘들 정도의 고난의 길이었다. 하지만 다산은 얼마나 고대하고 고대하던 길이었을까? 도포자락 휘날리며 늦가을의 들녘을 바람처럼 내달리는 다산의 모습이 눈에 선했다.

:

05

주막집 주모의 배려와 사랑

1801년 2월 신유박해로 경상도 장기에서 귀양살이를 하던 중, 그해 10월 또 황사영 백서 사건으로 다산은 강진으로, 형 정약전은 흑산도로 유배를 당한다.

황사영은 신유박해로 천주교도들에 대한 탄압이 심해지자 중국 북경에 있던 프랑스 주교인 구베아에게 백서를 보내려다 발각된다. 포교의 자유를 얻기 위해서 프랑스 함대를 파견해 조정에 압력을 가해야 한다는 내용이었다. 이것이 발각되어 관련자들이 모두 처형당하고, 노론 집권 세력은 이를 구실로 정치적 반대파인 남인 세력을 대대적으로 탄압했다. 이 사건의 핵심 인물인 황사영은 다산의 조카사위로

맏형인 정약현의 딸과 결혼한 자였다.

이런 연유로 다산은 유배 중에 다시 붙잡혀 와서 심문 끝에 1801년 11월 동짓달 북풍한설이 몰아치는 낯선 땅 강진으로 유배를 왔다.

어느 누구도 받아줄 사람이 없었다. 다산은 상례사전 서문에 그때의 일을 다음과 같이 적고 있다.

"강진으로 귀양을 가게 되었다. 강진은 옛날 백제의 남쪽 변방으로 지역이 낮고 풍속이 고루하였다. 이때에 그곳 백성들은 유배된 사람 보기를 마치 큰 해독처럼 여겨서 가는 곳마다 모두 문을 부수고 담장을 허물어뜨리면서 달아나 버렸다."

사또 : 똑바로 행동하시오, 유배 죄인 양반. 여기는 당신네들 안방인 한양이 아니오. 혹시라도 유배지인 여기 강진을 몰래 떠나 다른 이의 도움을 받는다면 발견 즉시 의금부에 보고하여 능지처참을 면치 못하게 할 것이요. 내 말 명심 또 명심하시오. 전 곡산 부사 양반. 한때는 하늘에 나는 새도 떨어뜨린다는 전 사헌부 사간 양반. 돌아가신 성상의 총애를 흠뻑 받아 조선팔도를 휘잡던 전 암행어사 나리. 그러다 결국은 천주학쟁이.(비웃음이 가득하다.)

- 창작마당극 "사의재 여인들", 연출 임재필

다산은 나주 율정 삼거리에서 피눈물을 흘리며 형과 이별하고 1801년 11월 22일경 강진에 도착한다.

아무도 반겨줄 사람 없는 추운 겨울날 천주쟁이 역적 죄인으로 몰려 내려온 사람을 보자 사람들은 못 볼 것 본 듯이 도망하였다.

겨우 동문 밖 매반가 주모의 배려로 주막집 뒤쪽 흙바닥에 멍석을 깐 방 토상에서 지내게 되었다.

그 뒤 1802년 4월 11일 큰아들 학연이 아버지를 만나러 왔다. 흙바닥에 멍석을 깔고 지내니 벼룩이 물어뜯고 매 맞은 엉덩이가 헐어서 입은 옷이 엉겨 붙었다 떨어질 때 살가죽은 찢겨 나갔다. 입고 온 옷 한 벌로 반년을 지냈으니 그 고행은 참으로 어려웠다. 그런 데다 한양에서 강진 현감 이안묵은 없는 죄를 뒤집어 씌워 병사에게 고발하여 고문을 당하게 하였으나 얼마 후 죄가 없다고 풀려났다. 이안묵은 강진 유배 시 한양에서 심문에 참가했던 임시 관직의 조사관이었다.

해미읍과 장기에서의 유배는 견딜 수 있는 희망이 있었지만 강진에서의 유배 생활은 그야말로 불안과 공포의 나날이었다. 다산을 지켜보는 감시의 눈들로 죽느냐 사느냐의 나날이었다.

상례사전 서문에 그때의 일을 다음과 같이 적고 있다.

"강진으로 귀양을 가게 되었다. 강진은 옛날 백제의 남쪽 변방으로 지역이 낮고 풍속이 고루하였다. 이때에 그곳 백성들은 유배된 사람 보기를 마치 큰 해독처럼 여겨서 가는 곳마다 모두 문을 부수고 담장을 허물어뜨리면서 달아나 버렸다. 그런데 한 노파가 나를 불쌍히 여겨 자기 집에 머물게 해주었다. 이윽고 나는 창문을 닫아걸고 밤낮 혼자 오똑이 앉아 있노라니, 함께 이야기할 사람이 없었다."

'그런데 한 노파가 나를 불쌍히 여겨 자기 집에 머물게 해 주었다. 이윽고 나는 창문을 닫아걸고 밤낮 혼자 오똑이 앉아 있노라니, 함께 이야기할 사람이 없었다.'라고 했듯이 주모에게 어찌하여 나 같은 죄인을 돌봐 주냐고 묻자 주모는 사람이 사람을 돌봐주지 않으면 누가 돌봐주겠느냐, 그리고 나 같은 상것이 더 나쁠 게 뭐가 있겠느냐며 흔연스럽게 다산을 배려한 것이다.

다산은 고대광실 한양에서의 삶을 되돌아보며 이렇게 돌봐주고 배려하는 삶이 어떤 삶이라는 것을 깨우치는 기회가 된 것이다.

이렇게 동문 밖 매반가 주막집에서 4년간 거처를 했다. 이때 유일한 말동무도 바로 주막집 주모였다. 다산은 이곳에서 주모에게 배운 천지간의 이치를 둘째 형인 정약전에게 편지로 써 보냈다.

어느 날 저녁에 밥집 주인 할머니가 제 곁에서 한담을 나누다가 느닷없이 물었습니다.

"선생님께서는 글줄깨나 읽으신 분이니 이런 뜻을 아시는지요? 아버지와 어머니의 은혜는 똑같으나 오히려 어머니의 수고로움이 더욱 많지 않습니까? 그런데 옛날에 훌륭한 사람들은 아버지는 무겁게 여기고 어머니는 가볍게 여기라고 가르쳤습니다. 또 아버지의 성씨를 따르도록 하고, 부모님이 돌아가셔서 상복을 입을 때에도 어머니는 아버지보다 한 등급을 낮추라 하였습니다. 아버지의 혈통 쪽으로 집안을 이루게 해 놓고 어머니의 피붙이들은 소홀히 하였습니다. 이건 너무나 한쪽으로 치우친 편파적인 대우가 아닌가요?" 그래서 제가 대답했습니다.

"'아버지께서 나를 낳으셨다.'라고 하였기 때문에, 옛날 책에는 '아버지는 처음으로 나를 생겨나게 한 사람'이라고 나와 있습니다. 어머니의 은혜도 무척이나 깊기는 하지만, 아버지의 은혜는 하늘이 만물을 처음 있게 한 것처럼 으뜸이니 그 은혜가 더욱 큰 것입니다."

그러자 주모가 고개를 갸우뚱하며 말했습니다.

"선생님의 말씀은 옳지 않습니다. 제가 곰곰이 생각해 보았습니다. 풀이나 나무를 예로 들어 말하자면 아버지는 씨앗이요, 어머니는 땅입니다. 씨앗이 땅에 떨어지는 일은 그 베풂이 지극히 작지만, 땅이 부드러운 흙을 거름 삼아 씨앗을 길러내는 공덕은 참으로 큽니다. 밤톨은 밤나무가 되고 볍씨는 벼가 되는데, 그 몸이 온전하게 클 수 있는 것은 모두가 땅의 기운 덕분입니다. 그러나 마침내는 나무나 풀의 무리로 제각기 나누어지는 것은 모두 본래의 씨앗을 따르기 때문입니다. 옛날에 훌륭한 사람이 가르침을 주기 위해 예법을 세운 것도 이런 까닭인 것은 아닌지요?"

저는 주모의 말을 듣고 흠칫 놀라며 삼가 존경하는 마음이 싹텄습니다. 밥 파는 주막집 주모가 하늘과 땅 사이의 지극히 정밀하고 오묘한 뜻을 말할 줄 누가 알았겠습니까? 몹시도 기특하고 기이한 일이었습니다.

다산은 생각지도 못한 주모의 질문을 통해서 이제껏 듣도 보지도 못한 세상을 경험하게 된 것이다. 유배 생활 몸가짐과 마음가짐과 행동거지에 대해서 자신을 추슬렀던 곳, 주막집 주모의 애잔한 사랑과 배려가 서려 있는 사의재가 요즘 저잣거리를 재현하면서 많은 사람들이 찾고 있다.

그 어려운 가운데 베푼 주모의 사랑과 배려가 찾는 사람들의 가슴속에도 더욱더 진하게 느껴지는 저작거리가 되길 소망한다.

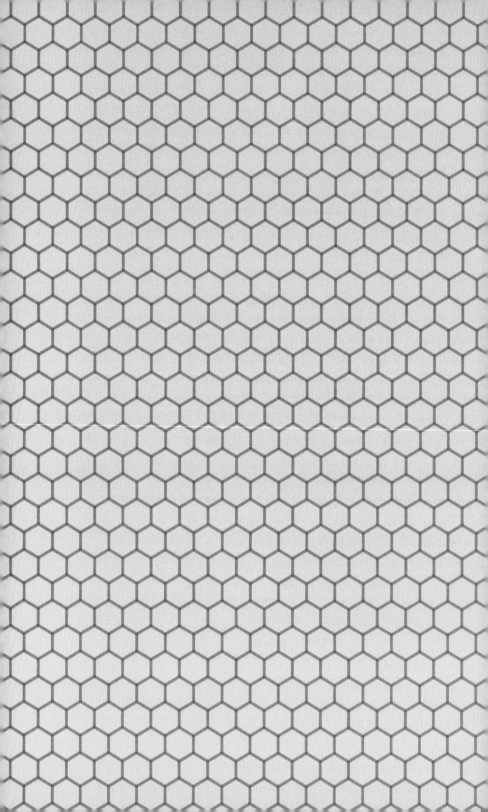

PART 3

자연만이 그를
감싸주네

01

항상 그 자리에서

다산은 무엇보다 자신의 주변에서 자연을 보살피며 벗을 삼아 울분과 분노를 다 쏟아내며 시로 승화시켰다. 늘 주변을 손수 가꾸며 가치와 의미를 부여하면서 수려한 언어로 시를 지었다. 그 가운데 다산4경은 다산초당에 머물면서 손수 조성한 초당에 대한 풍경을 시로 지은 것이다.

1808년(순조 8) 봄에 다산으로 옮겨 단을 쌓고 못을 파서 꽃나무를 심고 물을 끌어들여 비류폭포를 만들었다. 그리고 동암과 서암 두 암자를 수리해 1천여 권이나 장서하고 글을 지으면서 스스로 즐겼다.

〈다산초당 설경〉

다산은 만덕사 서쪽에 있는데, 처사 윤박의 산정이었다.
바위에는 정석(丁石) 2자를 새겨 표지하였다.

- 자찬묘지명

칠언시로 지은 다산4경의 맨 첫 번째는 초당 왼편 위쪽에 있는 바
위에 새긴 정석(丁石)이다. 정석이 의미하는 것은 다산 정약용을 뜻하
기도 하지만, 그 속에는 다산이 존경하는 인물 4사람의 뜻을 새긴 것
이다.

그 첫째가 마을 어귀의 돌에까지 인사하고 자신을 낮추는 삶을 산

송나라 때 학자 미불이고, 둘째는 마흔한 살에 미련 없이 관직을 버리고 소박한 전원생활을 통해 깨달음의 경지에 도달한 '귀거래사'의 시인 도연명이고, 셋째는 담장을 쌓는 노예 신세에서 탁월한 능력을 보여 재상의 자리에까지 오른 은나라 부열이고, 마지막이 백성을 위해 수로를 건설할 때 공사기간을 줄이기 위해 잡초 무성한 동굴에서 잠을 자며 일한 우임금이다.

다산은 이 네 사람의 삶을 통해 그들의 뜻을 잊지 않기 위해서 바위에 정석을 새긴 것이다.

두 번째 사경은 초당 앞에 있는 널찍한 바위 다조이다. 솔방울로 불을 피워 차를 끓이던 부뚜막이라는 뜻으로 향기로운 차 한 잔을 나누며 서로 담소를 나누는 모습은 다산의 시련과 고난의 그림자를 녹이는 차가 되었을 것이다.

그리고 약천이 있다. 다산초당 왼편 구석에 있는 약천은 다산 선생께서 직접 수맥을 잡아 샘을 만든 것이라고 한다. 약자라는 글자를 넣은 것을 보면 차와 더불어 몸을 생각하는 약수로 생각한 것이 아닌가 싶다.

마지막 사경은 초당 오른쪽에 있는 연지석가산이다.

다산께서 조성한 것으로 강진만에서 돌들을 직접 가져와서 중앙에 산 모양까지 만들고, 흘러내린 물로 비루폭포를 만들고, 가장자리에

붉은 꽃봉오리의 동백나무를 심었다. 그중에 일경인 정석바위의 시를
보면 다음과 같다.

집서 쪽 바위는 병풍져 있고
부용산 만물은 정씨와 함께한다.
조용한 숲속엔 학의 그림자요
기러기 앉은 곳에 자국이 또렷하다.
미불은 하찮은 바위에 절을 하고
도잠은 술 취해도 귀거래를 생각했다.
부열의 담장 우왕의 굴도 잡초만 무성한데
어찌 자세한 사정을 새기리요.

- 강진과 다산, 양광식

　다산은 그야말로 조경전문가다. 초당의 이곳저곳을 규모 있게 꾸미
고 단을 만들어 미나리며 상추며 식자재를 자급자족하였다. 그리고 연
못 속의 잉어들의 놀이를 보면서 날씨까지를 예상했다고 하니 기상예
보관이 따로 없다.
　다산은 이렇게 어느 것 하나 소홀히 하지 않고 직접 실행하고 즐기
며 시를 쓰면서 유배라는 우울한 먹구름을 걷어낸 것이다.

〈다산약천〉

또 하나가 다산8경이다. 다산은 초당으로 거처를 옮긴 뒤 주변 경관을 친구 삼아 자신이 아끼는 풍경 8가지를 골라 '다산팔경사'를 지었다.

첫 번째가 담을 스치고 있는 산복숭아 나무의 풍경, 두 번째가 문발에 부딪치는 버들가지, 세 번째가 따뜻한 날에 들리는 꿩 우는 소리, 네 번째가 가랑비 내릴 때 물고기 밥 먹이는 일, 다섯 번째가 단풍나무 잎이 아름다운 바위에 얹혀 있는 모습, 여섯 번째가 못에 비친 국화꽃, 일곱 번째가 한 언덕 위의 푸르른 대나무, 여덟 번째가 만 개 골짜기의 소나무 물결이다.

그중에 첫 번째 시 "담을 스치고 있는 산복숭아 나무의 풍경"의 시를 보자.

산허리를 경계로 널따랗게 쳐진 담장 / 響牆疏豁界山腰
붓으로 그린 듯이 봄빛이 변함없네 / 春色依然畫筆描
어찌 그리 맘에 들까 산에 비가 멎고 난 뒤 / 愛殺一溪新雨後
복사꽃 몇 가지가 예쁘게 펴 있는 것이 / 小桃紅出數枝嬌

- 다산시문집 제5권 / 시(詩)

그리고 다산은 다산, 초당, 스님, 그리고 초당 주변에 피는 꽃나무들로 설매, 복숭아, 유차, 모란, 작약, 수국, 석류, 치자, 백일홍, 월계, 해바라기, 국화, 지치, 포도, 미나리, 귤림, 산정 등을 정성스럽게 직접 가꾸고 세밀히 감상하면서 다산화사 20수를 지었다. 그리고 사계절마다 피는 꽃들을 바라보며 하나하나 노래했다.

그중에 첫 번째 다산에 대한 시를 읊어보면 다음과 같다.

다산은 귤원 서쪽 조용한 곳
천 그루 솔밭에 한 줄기 시내라
시냇물 따라 샘솟는 곳 이르면
석간수 밝은 곳에 숨겨진 집 있네.

- 강진과 다산, 양광식.

80

다산은 주변의 모든 것들을 사랑하고 정성스럽게 가꾸며 제자들에게 가르쳤다. 살림을 살리는 방법까지도 직접 실천하고, 보여주면서 해배 시점에서는 재산까지 불려서 다신계를 조직하여 제자들이 함께 하면서 친목을 다지도록 하였다.

다산은 결코 유배라는 억압에 억눌리지 않고 자신의 마음을 자연과 함께 동화시키면서 또 다른 유배의 원동력으로 삼았다. 그것이 18년 이라는 유배의 우울한 먹구름을 걷어내는 다산의 지혜였다. 울분과 분노의 응어리를 풀어내면서 또 다른 열정으로 승화시켜 위대한 학문적 결실을 거두게 된 것이다.

02

자연의 기운을 받으며

　18년 유배지 강진에서 다산에게 자연은 무엇보다 소중한 친구였다. 인간에게 자연은 무엇이냐고 할 때 자연은 인간에게 최고의 스승이라고 말하기도 한다. 그래서 그런지 다산도 불안과 우울할 때마다 자연과 함께하며 보고 느끼고 즐기면서 시를 지었다. 그러면서 자신의 신세를 한탄하기도 달래기도 하였다.

　해외 여행지 통계에서도 우리나라 사람들은 유난히 자연경치를 좋아하는 것으로 나타나고 있다. 이것은 자연을 지배한다기보다는 자연과 더불어 산다는 생각을 하기 때문일 것이다. 자연의 일부로서 인간의 존재를 생각하여 인간의 생사고락을 자연의 우주섭리에 비유하면서 자신의 처지를 이해하기 때문일 것이다. 특히 다산은 유배 18

년 자연 속에서 인간의 성쇠의 이치와 삶의 지혜를 깨우치면서 우리에게 수많은 가르침의 글을 남겨놓았다. 그중에 몇 가지를 살펴보고자 한다.

늙고 병들어 책 대하긴 싫고 / 衰疾臨書倦

가을 들어 흥은 무르익기에 / 淸秋引興長

단풍나무 아래로 천천히 걷다가 / 徐行紅樹下

잠시 푸른 시내 곁에 앉아보네 / 小坐碧溪傍

못난 인생은 구학이 제격이고 / 微命甘溝壑

원대한 계획이야 대신들이 짜는 거지 / 深猷仰廟堂

생각 내키는 대로 지껄여 보지만 / 幽懷任輪寫

미치광이가 좋아서는 아니라네 / 非是愛顚狂

- 동림을 산책해 보다[試步東林] / 다산시문집 제5권

심란한 마음으로 방구석에 있자니 너무나 초라한 자신의 모습을 보면서 밖으로 나서서 초당숲길 동림을 산책하는 다산의 모습을 상상해보면 쉽게 이해가 될 듯하다. 읽어도 들어오지도 않을 책을 보고 있는 것보다 시원한 바람을 맞이하며 자연과 함께 하면서 노랗게 물 들은 단풍을 보면서 다시 한번 자신의 처한 현실을 생각하며 못난 인생이지만 오직 학문적으로 자산을 나타낼 수밖에 없음을 다지며 조정에서

의 꿈꾸었던 일들이야 이제는 아무 소용이 없다는 것을 소리쳐본다. 꼭 미치광이라도 된 듯이 외치고 싶은 다산의 마음을 읽을 수가 있다.

쓸쓸한 들국화가 병든 자를 손짓하여 / 野菊蕭蕭引病翁

월고 나루 아래에다 외로운 배 띄웠다네 / 粵姑灣下駕孤篷

햇살이 소금밭에 내리쬐듯 모래 맑고 / 沙晴正曬耕鹽日

돛 내리는 바람처럼 썰물이 소리 내네 / 潮退翻吹落帆風

가을은 몇몇 집 붉은 나무 위에 있고 / 秋在數家紅樹上

가라앉은 연기 속에 한 쪽으로 산이 열렸네 / 山開一道冷煙中

절서의 명승지를 두루 다 가보았으니 / 浙西巖洞經行遍

하늘이 이 사람을 박대한 것 아니로세 / 非是天公薄長公

- 정수사에 가 놀기 위해 저물녘에 월고나루를 지나면서 /시문집 제5권

유배 생활의 적응은 다산의 시를 통해서 알 수가 있다. 조금은 여유를 가지고 강진의 이곳저곳을 찾아다니면서 자신의 몸과 마음을 다잡아가고 있다. 쓸쓸한 들국화가 병든 자를 손짓한다며 나서는 다산의 모습이 눈에 선하다.

강진읍에서 배를 띄워 정수사로 가는 길목에 풍경을 노래하고 있다. 강진만 모래, 밀물썰물, 가을의 촌락의 모습들이 눈에 들어오니 부지런히 글로 아로 새겨 놓은 다산의 모습이다.

구름조각이 닦아냈는지 바다하늘 활짝 맑고 / 片片晴雲拭瘴天

냉이밭에 나비들도 하얗게 훨훨 나는데 / 薺田蝴蝶白翩翩

우연히 집 뒤의 나무꾼 길을 따라 / 偶從屋後樵蘇路

드디어 들머리 보리밭을 지나왔네 / 遂過原頭橫麥田

바다 끝에서 봄 만나니 나도 이제 늙나 보다 / 窮海逢春知老至

외진 마을 벗이 없어 중이 좋은 걸 알았다네 / 荒村無友覺僧賢

때로 먼 산 바라보던 도연명 생각이 나서 / 且尋陶令流觀意

한두 편 산경을 놓고 중과 함께 얘기했네 / 與說山經一二篇

- 봄날 백련사에 가 놀다[春日游白蓮寺] -다산시문집 제5권

〈백련사〉

다산초당에서 백련사까지의 숲길은 이제 대한민국의 유명한 명풍 숲길이 되었다. 이 길은 1808년 다산이 다산초당으로 거처를 옮기면서부터 걷기 시작한 숲길이다. 다산은 이 길을 오가며 초의와 혜장과의 사이에서 수많은 시와 글을 남겼다. 앞의 글도 그 길을 따라 백련사에 놀러가서 쓴 글이다. 하늘 밑 멀리 강진만의 바다, 냉이밭에 나비들, 나무꾼 등등 자연과 함께하면서도 자신의 고독함은 어쩔 수 없다는 것을 나타내고 있다. 그래서 백련사에서 중들과의 대화를 통해서 자신의 학문적 열정과 더불어 이야기를 나누며 유배 생활의 고달픈 삶을 덜어내고 싶었던 것이다.

〈오솔길〉

03

노래와 시로 자유를 만끽하며

10년이면 강산도 변한다. 하물며 다산이 유배당한 1801년으로 거슬러 올라가 보면 지금으로써는 도저히 상상도 할 수 없는 가난한 산골과 농촌의 모습이었다.

당시의 강진은 바닷가에서 고기 잡는 어부들과 고기 장사배들 그리고 농사꾼들이 어우러져 사는 인심 좋은 동네로 다산은 그 당시의 강진의 모습을 여러 글 속에서 밝히고 있다.

"호남의 풍속이 교활하고 각박한데 탐진(강진)이 더욱 극심하다. 그대가 어떻게 견디겠는가." 하는 질문에 다음과 같이 말하였다. "어허! 말을 어찌 그리 잘못하는가. 탐진 백성들은, 벼 베기가 끝나면 농토가 없는 가난한 백성들이 곧바로 그 이웃 사람의 논을 경작하기를 마치 자기 농토처럼 하여 보리를 심는다. 보리가 익으면 경작자가 다 갖는다. 주인과 나누지도 않고 또한 세금을 내지도 않는다."

유배라는 죄인의 몸으로 온 강진은 어느 것 하나 낯설지 않은 것이 없었다. 다행히 주막집 주모의 안쓰러운 동정심과 사랑으로 거처할 곳이라도 있게 되었지만, 고문당한 다산의 몸과 마음은 이루 헤아릴 수 없는 지경이었다.

모진 세월이지만 어떻게든 견뎌야 했고 두고 온 처자식들은 물론 이대로 죽는다면 영원한 죄인으로 죽을 것이라는 생각에 스스로 마음을

〈고성사 보은산방〉

다잡고 중심을 잡지 않으면 안 되었다.

불안과 공포의 유배 생활에 몸을 가누고 정신을 차리면서 책을 읽고 또 읍내에서 제자들을 가르치며, 우울한 심정을 새로운 활력의 원동력으로 삼았다.

5년 동안 사의재 유배 생활 후 고성사 보은산방으로 거처를 옮겨 큰아들 학연과 함께 주역을 공부시키며 보은산 우두봉에 올라 흑산도로 유배 간 형을 그리며 눈물로 시를 짓기도 한다.

그리고 이학래 제자 집에서 2여 년을 머물다 다산초당으로 옮겨 10년을 보낸다.

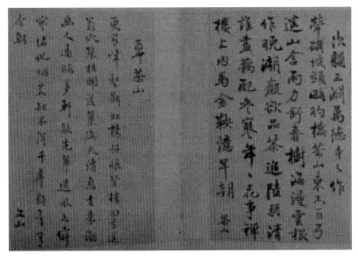

〈다산시첩〉

다산초당은 그야말로 다산학의 산실이다. 500여 권의 책을 저술했던 곳이다. 제자들 18명이 함께하면서 공부하고 책을 저술했던 저술 창작소이다.

다산이 이렇게 18년의 유배 생활을 하면서 그 시련과 고난을 견딜 수 있었던 것은 자신의 우울한 마음을 또 다른 원동력으로 승화시켰다는 것이다.

그것은 저술과 자연과 시이다.

다산은 500여 권의 책을 저술하면서 자신의 울분과 한을 책 속에 묻기 시작했다. 자신이 죽더라도 언젠가는 볼 거라는 희망으로 자신의 길을 가면서 책으로 엮었다. 그리고 보고, 느끼고 분한 것들은 시로 엮었다. 뿐만 아니라 자연과 벗이 되어, 주고받는 대화 속에서 자신의 분노와 유배의 시련을 시와 글 속에 묻으면서 울분과 우울함을 밝혀 나갔다.

"내가 죽은 뒤에 아무리 정결한 희생과 풍성한 안주를 진설해 놓고 제사를 지내준다 하여도, 내가 흠향하고 기뻐하는 것은 내 책 한 편을 읽어주고 내 책 한 장(章)을 베껴주는 일보다는 못하게 여길 것이니, 너희들은 그 점을 기억해 두어라."

〈정다산 유적〉

다산은 손닿는 주위의 산과 바다를 중심으로 대자연이 주는 선물을 감사하게 생각하며 자신의 분노와 울분을 실컷 노래하고 시로 풀어내었다.

사의제, 이학래가, 보은산방, 다산초당, 백련사, 일속산방, 다산초당, 용혈암, 조석루, 석문, 월출산, 백운동 정원, 금곡사, 남포, 정수사, 보은산 우두봉. 관음암, 다산명상길 등 다산의 흔적들이 곳곳에 남아 있다.

다산은 그곳에서 마음속으로 울부짖으며 피폐한 백성에 대한 울분을 토하기도 하고, 조정에 대한 원망도 하고, 사랑하는 가족을 그리기도 하고, 친구들을 회상하기도 하며 유배 18년의 우울한 마음을 온전히 시와 자연 속에 묻어두었다.

이제는 그 보물을 찾아야 한다.

그저 왔다가는 유적지가 아니라 18년이란 시련과 고난의 극복사가 파묻혀 있는 곳곳을 세심히 둘러보면서 우리 삶의 지혜로 삼아야 한다. 멀고 먼 강진이었지만 이제는 한양에서 3시간이다. 흔히들 멀어서 어떻게 가느냐고 한다. 하지만 본인의 경험으로 이곳에 와야 가슴이 울린다. 보고 느끼고 찾다 보면 자신도 모르게 다산의 흔적을 발견하며 나의 삶의 지혜가 된다.

지금은 어느 때보다 우리 자신의 마음의 중심을 잡는 노력이 절실하다. 다산의 마음을 파헤쳐 보면서 우리의 마음을 헤아려보는 지혜가 필요하다. 왜냐하면 다산은 불안과 공포의 유배 생활 18년을 또 다른 삶의 원동력으로 삼아 위대한 업적을 남겼기 때문이다.

위당 정인보 선생의 다산에 대한 평가를 보면 다산이 얼마나 위대한 업적을 우리에게 남겼는가 알 수 있다.

"다산 선생 한 사람에 대한 연구는 곧 조선사의 연구요, 조선 근세사상의 연구요, 조선 심혼의 명예 내지 온 조선의 성쇠존멸에 대한 연구이다."

04

역사를 지우는 어리석은 후손들

나주 율정 삼거리, 율정점, 율정 주막이라는 곳은 1801년 다산 정약
용과 정약전 형제가 노론들에 의해 강진과 흑산도로 유배 가던 중 마
지막 밤을 보낸 곳이다.

율정 삼거리를 내비게이션에 찍어도 나오지 않았다.

율정을 찍으니 율정길이 나온다. 그곳을 찾아가 보니 시골 골목길이
다. 이리저리 둘러보아도 이정표도 없어 오고가길 몇 번 하던 중 길 옆
집에 사람이 나와서 물었다. 그러나 잘 알지를 못했다. 다행히 나이 드
신 분이 있기에 여쭤보니 대략적인 이야기를 해주었다.

본인의 집도 도로확장공사로 없어지고 집 옆을 조사하였는데 몇 가

지 확인하고 그대로 도로로 매립했다고 한다. 그리고 율정 삼거리는 현재의 율정길 앞이었다고 한다.

율정 삼거리 마지막 밤을 지새우며 다산은 율정별(栗亭別)을 지어 그 이별의 한을 남겼건만 흔적은 오간 데 없으니 다산의 시를 들추어 본다.

초가주막 새벽등잔불 푸르스름 꺼지려는데
일어나 샛별을 보노라니 헤어질 일 참담하네
그리운 정 가슴에 품은 채 두 사람 서로 할 말을 잃어
억지로 말 꺼내려 하니 목이 메어 오열하네
흑산도 멀고 먼 바닷가 하늘 끝과 이어진 곳
어찌하여 형님은 그 먼 곳으로 가셔야 하는가

또 다산의 형 정약전이 죽은 뒤 2년 후에 귀양살이가 풀려서 이 율정 주막을 지나면서도 다산 정약용은 먼저 저승사람이 되어 이 길목을 지나갔을 형을 생각하면서 "살아서는 미워할 밤남정 주막집(生憎栗亭店)"이라며 서러운 사연을 남긴 곳이기도 하다.

살아서는 증오한 율정점이여
문 앞에서는 갈림길이 놓여 있었네

본래가 한 뿌리에서 태어났건만
흩날리는 떨어져 간 꽃잎 같다오.

정약용 형제가 오열하며 헤어진 율정 삼거리의 주막집은 온데간데
없고 오직 도로확장으로 어지럽게 아스콘만 널려 있었다. 그야말로 역
사의 흔적이라곤 하나도 찾을 수 없었다. 도로 확장으로 역사의 현장
이 사라진 것이다

이제 그만 도로보다 역사를, 역사의 길을 내는 노력이 더더욱 필요
한 시점이 아닌가 싶었다. 왜냐하면 역사 속에서 우리는 우리의 미래
를 생각할 수 있기 때문이다.

사진 속에 어른거리는 율정 삼거리 흔적을 찾으려 이곳저곳을 두리
번거렸지만 증표가 될 만한 유일한 것은 길옆에 아직도 서 있는 아름
드리나무 몇 그루였다. 그나마 도로 확장으로 어떻게 될지 모른다는
아저씨의 이야기에 너무나 가슴이 아팠다.

지난날 율정 삼거리에서 오열하며 마지막 밤을 샛별이 뜰 때까지 서
로가 말도 못 하고 목매어 했을 그날, 그날의 아픈 밤, 서러운 밤, 고통
스러운 밤은 온데간데없다.

너무나도 안타깝고 아쉬운 마음으로 우리는 이제 도로보다 역사의
길을 내는 데 더 마음을 써야 하지 않을까 하는 생각이 나이를 더한
만큼 깊어만 간다.

PART 4

사색과 위민의
시간

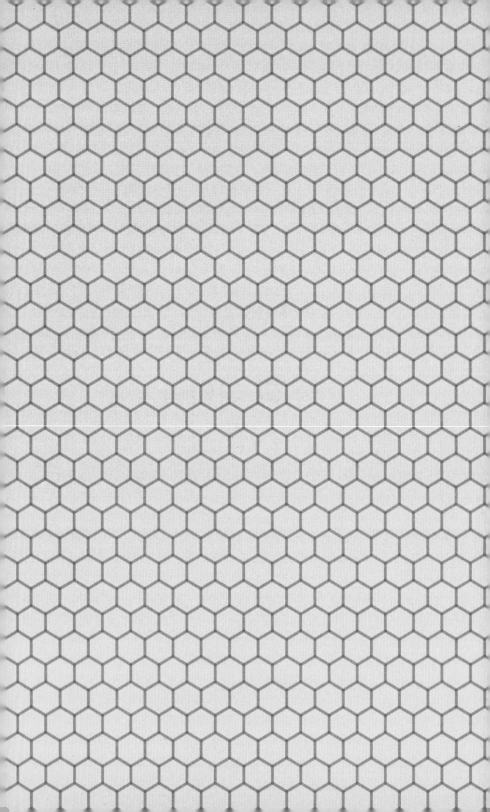

:

01

여섯 글자의 비결

청렴할 염자 6개면 고을살이에 아무런 문제가 없다.

재물에 청렴하고 여색에 청렴하며 직위에 청렴하면 문제가 생길 곳이 없다.

청렴으로 밝아지고, 청렴으로 위엄을 세우며 청렴으로 강직하면 백성이 존경하고 상관이 무겁게 여기며 사물이 실상을 감히 감추지 못한다.

하지 못할 일이 없고 되지 않은 일이 없다.

이 간단한 비결을 몰라서 비리와 부정하고 아첨과 교만이 넘친다.

그래서 마침내 저도 망하고 남도 망친다.

- 영암 군수 이종영에게 주는 말 / 다산시문집 제17권 / 증언(贈言)

우리의 일상 가운데 알면서 행동으로 실천하지 못한 게 어디 한두 가지인가.

조선 후기의 학자 이재의가 맏아들 이종영이 영암군수로 발령을 받자 아들에게 왔다. 마침 다산이 강진에 유배 온 것을 알고 다산을 방문하면서 이재의와 친분을 맺게 되었다. 이를 계기로 다산은 이재의의 아들 영암군수 이종영에게 지방관으로서 어떻게 일해야 할 것인가를 써준 글이 있다. 좀 더 살펴보면 6글자의 내력을 자세히 알 수가 있다.

"나에게 육자비전이 있는데, 그대는 3일 동안 목욕재계해야 들을 수 있을 것이다."라고 하였다. 현령이 그 말과 같이 하고서 청하니 옹이 먼저 한 자를 주는데, 염(廉)자였다.

현령이 일어나 두 번 절하고 한참 있다가 다시 청하니, 옹은 또 한 자를 주었는데, 염자였다. 현령이 일어나 두 번 절하고 다시 청하니, 옹이 마지막으로 한 자를 주는데, 역시 염자였다.

현령이 두 번 절하고 말하기를, "이것이 그토록 중요합니까?" 하니, 옹이 말하기를, "그대는 그중 하나는 재물에 적용하고, 또 하나는 여색에 적용하고, 또 다른 하나는 직위에 적용하라."고 하였다.

현령이 말하기를, "여섯 글자를 모두 받을 수 있습니까?" 하니, 옹이 말하기를, "또 목욕재계를 3일 동안 하여야 들을 수 있다."고 했다.

현령이 그와 같이 하니, 옹이 말하기를, "그대는 듣고자 하는가. 염·

염·염이다."라고 했다. 현령이 말하기를, "이것이 그토록 중요합니까?" 하니, 옹이 말하기를, "앉거라. 내가 그대에게 말하여 주겠노라. 염은 밝음을 낳나니 사물이 실상을 숨기지 못할 것이요, 염은 위엄을 낳나니 백성들이 모두 명령을 따를 것이요, 염은 곧 강직함이니 상관이 감히 가벼이 보지 못할 것이다. 이래도 백성을 다스리는 데 부족한가?" 하였다. 현령이 일어나 두 번 절하고 띠에 그것을 써가지고 떠나갔다.

다산은 자신의 곡산부사 경험과 암행어서 경험을 통해서 지방 관료들의 실상을 이미 알고 있었다. 그래서 무엇보다 백성을 위한 관료로서 무엇이 소중한 가치인가를 친구의 아들에게 그리고 선배로서 자세히 알려주고 싶었던 것이다.

더구나 옆 동네에서 일하고 있는 후배에게 친근한 글로써 정사를 도와주고 싶었던 것이다. 한 자 한 자마다 깊은 뜻이 새겨진 것을 오늘에 되새겨 봐도 전혀 틀린 이야기가 아니다.

현재 벌어지고 있는 세태를 반영이라도 한 듯 친구 아들 군수에게 한 말이 전혀 틀리지 않다. 특히 염자 셋을 재물, 여색, 직위에 적용하라고 강조한 이야기는 200여 년 전이나 지금이나 우리가 경험하고 있는 현실로 너무나 생생한 이야기다.

또 나머지 염 세 글자는 밝음, 위엄, 강직함을 의미하는 것으로 밝음은 기본에 충실하는 것이요, 위엄은 섣부른 속임수를 부리지 못하도록 할 것이고, 강직함은 함부로 대할 수 없으니 소신껏 일할 수 있다는 것으로 볼 수가 있다.

오늘날 공직사회를 일컬어 무사안일과 철밥통이라는 이야기를 생각해보면 다산이 이야기한 염자의 의미가 새롭게 닦아온다.

다산은 이후에 이종영의 부친인 이재의와 '단(端)'의 해석에 대해서 학문적으로 치열한 토론을 벌인다. 그것도 편지로 주고받기를 일곱 차례나 하였다. 하지만 다산이 주장한 부분을 7차에 걸친 토론에서도 이재의가 받아들이지 않고 상경하자 다산은 마지막 편지에서 아쉬운 이별의 편지를 격한 어조로 썼다.

하지만 다산과 이재의는 서로가 학문적 동지로서 이해하고 토론을 통하여 학문적 성과를 이루어 갔다. 다산과 이재의, 다산과 이종영 서로가 함께하는 동안 다산은 자신의 학문적 열정과 후배 관료에 대한 사랑을 통해서 폐한 백성들의 삶을 위해서 무엇을 해야 할 것인가를 보여준 글이다. 비록 200여 년 전의 글이라 하지만 지금 이 순간 우리 현실을 비추어 보며 거울로 삼아야 할 것으로 전혀 손색이 없다.

02

무죄로 석방한다

다산이 이계심을 불러 앞으로 나오라고 하였다.

"한 고을에 모름지기 너와 같은 사람이 있어 형벌이나 죽음을 두려워하지 않고 만 백성을 위해 그들의 원통함을 폈으니 천금을 얻을 수 있을지언정 너와 같은 사람은 얻기가 어려운 일이다. 오늘 너를 무죄로 석방한다."

이 이야기는 다산이 황해도 곡산부사로 가는 도중에 일어난 일로 백성들의 원통함을 이해하고 풀어주어 백성들이 즐거워했다는 글이다.

이계심은 황해도 곡산사람으로 다산이 부임하기 전 전임 부사의 아래 사람들이 농간을 부려 턱도 없는 조세를 부과함에 백성들이 도저히 감당할 수가 없었다. 그래서 사람들이 관청으로 가서 민원을 해결하고자 이계심이 중심이 되어 함께 갔던 것이다. 그런데 민원 해결은 커녕 관청 앞에서 난동을 부린다며 오히려 이계심을 비롯하여 참석한 사람들을 아전과 관료들이 곤장을 들고 마구 치니 사람들이 모두 흩어졌다.

이계심도 탈출하여 도망가 숨었던 것이다. 그런데 수령이 감사에게 보고하여 수배령을 내렸으나 끝내 잡지 못했다. 그 말이 조정에 와전되어 곡산의 백성들이 부사를 붙잡아 객사 앞에 버렸다고 했다.

그러자 다산이 곡산부사로 내려올 때 인사차 들렀을 때 조정에서도 여러 관료들이 주동자 몇 놈을 죽이라고 권하고 채제공은 더욱 기강을 바르게 잡도록 당부하였다. 이런 상황에서 다산이 곡산 땅에 들어서니 호소하는 글을 가지고 길을 막는 자가 있었으니 그가 바로 이계심이었다.

이계심이 소장을 다산 선생께 드리니, 그 글은 바로 백성을 병들게 하는 12가지 조항이었다. 다산은 이계심을 뒤따라오게 하여, 결국 이계심을 무죄로 방면한 것이다.

백성들의 원통함과 억울함을 그 누구도 헤아리지 못하고 오직 아전과 부패한 관료들의 패거리 문화가 팽배한 사회에서 다산의 백성에 대한 생각은 남달랐다. 피폐한 백성들의 삶을 이해하려고 노력하지 않으면 해결할 수 없는 일이다.

백성이 중심인 나라가 진정한 조선이라는 다산의 생각은 뼛속 깊게 자리하고 있었고 그것을 다만 표출하지 못하고 글로써만 쓸 수 있는 자산의 처지가 늘 안타까웠던 것이다.

다산의 애민정신, 백성에 대한 사랑은 유배 현장에서도 유감없이 발휘되었다.

다산이 강진읍 동문 밖 주막집에 머물면서 유배 생활을 하다가 보고 들은 이야기를 기록한 것을 보면 백성들의 피맺힌 원한을 위해서 얼마나 힘썼는지를 알 수가 있다. 그 이야기가 다산의 시문집(17권)에 "고금도 장씨 여자 이야기"다.

그 당시 고금도는 강진 땅이었다. 여기에 장씨라는 여자가 살았는데 그 여자는 망명한 장현경의 딸이었다. 때는 1800년 여름으로 정조가 사망한 후 얼마 되지 않았다.

이때 인동부사 이갑회가 아버지의 회갑을 위해서 술잔치를 베풀며 장현경 부자를 불러 함께 즐기자며 초청했으나, 장현경의 아버지가 국상을 당한 지 얼마 되지 않아서 놀고 마시는 것은 곤란하다고 하였다. 그리고 밖으로 나와 이방에게. "임금께서 돌아가신 이런 때에 잔치를 베풀다니, 때를 보아서 하라."고 하였다.

이에 앞서 장현경의 아버지는 인동부사의 아버지와 성(姓)이 다른 친척이었으므로 자주 만나고 서로 전해들은 이야기를 나누었는데, 그 가운데 장현경의 아버지가 "정승이 다른 맘을 먹은 어의 심인을 천거하여 그 어의가 독약을 올리게 하였다. 그런데 나는 이 역적을 내 손으로 제거할 수 없다."고 하였다. 이갑회의 아버지는 그 말에 강개하여 눈물을 흘렸었다.

그런데 아전의 이 말을 들은 이갑회는 장현경이 자신의 죄를 성토하며 모함하려는 것이라고, 터무니없는 말로 남을 속여 임금 측근의 악한 사람을 제거하려는 반역의 기미가 있다고 고발하였다.

그러자 관찰사 신기는 장현경을 사로잡으라고 명하자 이갑회가 밤에 군교와 이졸 2백여 명으로 장현경의 집을 포위하니 갑자기 당한 일이라 놀랍고 두려워 영문도 모른 채 담장을 넘어 달아났다. 그의 아우는 벼랑에 떨어져 죽었으며, 장현경의 아버지만이 잡혔다.

이 사건으로 장현경은 마침내 망명하였고, 그의 처와 아들딸은 강진현 신지도로 귀양을 왔던 것이다.

1809년(순조 9) 가을, 다산이 유배 온 지 9년이 되는 해다.

장현경의 큰딸은 22세, 작은딸은 14세, 아들은 10여 세였다.

하루는 군졸 하나가 술에 취하여 돌아가다가 울타리 구멍으로 큰딸을 엿보고 유혹하는 말로 그를 꾀었는데, 이 뒤로 계속하여 그치지 않았다. 그리고 꾸짖어 말하기를, "네가 비록 거절한다 해도 끝내는 내

처가 될 것이다." 하였다.

큰딸은 너무도 비분한 나머지 남몰래 항구로 나아가 조수를 바라보다가 푸른 바다에 몸을 던졌다. 그 어머니가 재빨리 그녀를 뒤쫓았으나 미치지 못하자 또한 푸른 바다에 몸을 던졌는데, 7월 28일의 일이었다.

그때 작은딸이 따라 죽으려 하자 어머니가 "너는 돌아가 관가에 알려 원수를 갚고, 또 네 동생을 길러야 한다." 하였으므로, 그만 멈추고 뒤따르지 않았다.

이 사건에 대하여 다산의 글을 보면 현감, 관찰사, 수행원 등이 아전과 의논하여 천 냥의 뇌물을 통하여 관찰사가 검안(檢案)을 현에 되돌려주고 장계는 수영(水營)으로 되돌려 보내 관은 무사하게 되었고, 그 군졸의 죄도 불문에 부쳐지게 되었다. 그리고 이듬해 1810년(순조 10) 7월 28일 큰 바람이 남쪽에서 일어나 모래를 날리고 돌을 굴렸다. 바다에 이르자 파도가 은산이나 설악처럼 일었다.

물거품이 공중에 날아 소금비가 되어 산꼭대기까지 이르렀다. 해변의 곡식과 초목이 모두 소금에 젖어 말라죽어서 농사가 크게 흉년이 들었다. 다산은 이에 소금비를 지어 그 일을 기록하였다. 또 이듬해 그 날도 바람의 재앙이 지난해와 같았다. 바닷가 백성들은 그 바람을 처녀풍이라고 하였다. 그 뒤 암행어사 홍대호도 그 사연을 들었지만 역시 묵인하고 가버렸다.

다산의 백성 사랑은 현장은 물론 유배 중에도 백성들의 억울하고 원통한 마음을 글로나마 풀어주고 싶었던 것이다. 뿐만 아니라 부패한 관료와 아전들의 실태도 신랄하게 깔아놓아서 후손들이 거울로 삼을 수 있도록 하였다.

오늘날 세태와 비교해도 200여 년이 지났으나 그때의 광경이 오버랩되는 것은 왜일까?

.
.

03

다산을 생각하며 어떻게 살 것인가

사람들은 물불을 가리지 않고 어떻게든지 출세를 하려고 한다.

강진에서 18년의 유배 생활 중에 다산은 몇 번이나 해배의 기회를 맞이하였지만 몇몇 사람들, 그중에서도 유난히 서용보의 반대에 부딪쳐 번번이 해배가 되지 못했다. 다산이 해배되어 조정에 들어갈 기회가 있었을 때도 서용보는 반대를 했던 자이다.

다산은 강진 유배 중에 그의 친구이자 당시의 세도가의 친족인 사람이 호남 관찰사로 와서 다산에게 편지를 하여 속히 유배로부터 해방될 방법을 알려주었다. 말하자면 다산으로 하여금 세도가에게 칭송하는 뜻으로 시나 글을 한 편을 올리면 해배될 것이라는 암시였다.

그야말로 유배 생활의 불안과 초조 속에서 끝이 없고 가족과 고향을 그리는 마음이 이루 헤아릴 수 없는 처지의 다산에게 어쩌면 해배의 지름길일 수도 있었다. 웬만하면 지인의 이야기를 고맙게 생각하며 처세술에 응했을 것이지만 다산은 의리의 생명을 위하여 일신의 죽고 사는 일을 마다하였다. 다산이 보낸 답신은 다음과 같다.

"그대의 뜻은 감사히 생각한다. 그러나 내 일신은 벌써 늙었고 한 사람의 해배는 국가로서는 큰 관계가 아니다. 그러나 정말 호남에 장차 대사가 있다. 지금 백성의 곤궁은 극에 달하였고 탐관오리의 부패는 갈수록 더욱 심하니 어떤 대방침이 미리 서지 않고는 호남의 모순은 해소될 수가 없으며 이 모순이 해결되지 않으면 앞으로 어떤 일이 터질지 알 수 없다. 내 일신은 유배로 종신하여도 큰 문제가 아니니 모름지기 큰 문제에 유념해달라."

- 최익한 544페이지

다산은 자신의 일신을 위해서 일한 적이 없었다. 오직 나라와 백성을 위한 일념으로 그야말로 주인정신이 몸에 배어 있었다. 진정한 주인으로 나라와 백성을 사랑한 주인이었던 것이다. 자신의 시련과 고통보다는 백성들의 어려움과 관료의 포학에 대한 현실을 걱정하던 그였다.

다산은 출세하기 위해서는 무엇이든지 할 수 있었지만 원칙에 어긋

나는 행동을 통해서 출세하지 않았다. 금정찰방으로 재직 때도 정조는 천주쟁이들을 잡아들여 공을 세웠던 것을 상소하도록 했지만 다산은 끝내 그 일은 자신이 한 것이 아니라 많은 사람들이 힘을 합치한 것이라며 극구 사양하며 거절했다.

다산은 결코 불의와 타협하지 않았고 아무리 시련과 고통에 처할지라도 실행하지 않았다. 하지만 당파 싸움에 휘말려 희생된 다산은 장기로 갔다가 강진까지 유배를 당하여 18년이란 세월을 그곳에서 썩어 지내면서도 어물전에 고기 썩는 냄새가 아니라 깊은 산사에 솔잎이 썩어 먼 훗날 나무들의 밑거름이 되듯이 오늘날 우리들에게 깊고 깊은 사고의 샘터가 되고 있다.

다만 배부른 돼지들은 다산의 600개의 보석을 미처 알아보지 못하고 먼 산의 보석만을 바라보고 있는 것만 같다.

600개의 보석은 다산의 시련과 고통의 결과물이다.

출세를 위해 의리도 저버리고 해배되어 세상에 나갔다면 오늘날 다산학이라는 위대한 학문적 결실은 물론 다산이라는 위대한 학자로서도 역사 속에 남아 있지 않았을 것이다.

비록 이것이 우리의 주변에만 있는 것이 아니다.

진정한 삶이란 어떤 삶인지를 서양의 사례에서도 찾아 볼 수 있다.

18세기 미국의 개척사에 두 명의 젊은이인 '마르크 슐츠'와 '에드워드 조나단'의 이야기이다.

두 사람은 똑같이 신대륙에서 새로운 미래를 개척하기 위해서 왔다.

에드워드 조나단은 '내가 여기까지 온 것은 신앙의 자유를 찾아서이
다. 그러므로 신앙이 자유의 나라인 이곳에서 바른 신앙생활을 해야
되겠다.'라고 생각하고 신학교에 들어가서 목사가 되었다.

또 한 청년인 마르크 슐츠는 '내가 이곳에서 큰돈을 벌어 부자가 되
어 내 자손에게는 가난이라는 것을 모르고 살도록 돈을 벌어야 하겠
다.'고 생각했다. 그리하여 뉴욕에다 술집을 차려서 열심히 일했다. 결
국 그의 소원대로 엄청난 돈을 벌어서 당대에 큰 부자가 되었다.

세월이 흘러 150년이 지나 5대 자손들이 태어난 후에 뉴욕시 교육
위원회에서는 컴퓨터로 이 두 사람의 자손들을 추적해 어떻게 되었는
지 조사해 보았다.

결과는 신앙의 자유를 찾아 미국에 왔던 에드워드 조나단은 유명한
프린스턴 대학을 당대에 설립하고 5대를 내려가면서 1,394명의 자손
을 퍼뜨렸다. 그 자손들 중에 선교사 목사만도 116명이 나왔고, 예일
대학교 총장을 비롯한 교수, 교사만도 86명, 군인이 76명, 나라의 고급
관리가 80명, 문학가가 75명, 실업가가 73명, 발명가가 21명, 부통령이
한 사람, 상하의원 주지사가 나왔고, 장로와 집사가 286명이 나왔다.

반면 많은 재산을 벌어 자손들을 잘살게 해주어야겠다고 생각한 마
르크 슐츠의 자손은 5대를 내려가면서 1,062명의 자손을 두었다.

그런데 그 자손들의 현황을 살펴보니 교도소에서 5년 이상 형을 산 자손이 96명, 창녀가 된 자손이 65명, 정신 이상, 알코올 중독자가 58명, 자신의 이름도 쓸 줄 모르는 문맹자가 460명, 정부의 보조를 받는 극빈자가 286명이었다. 자손들이 정부의 재산을 축낸 돈이 1억 5천만 불이었다.

200여 년 전 다산이 일신의 출세를 위해서 일했다면 오늘날과 같은 위대한 학문은 물론 학자로서 역사에 남았을까를 생각하게 된다.

오늘날 가치관의 혼란과 개인주의가 팽배한 세상에서 다산과 서부 개척시대의 두 청년의 이야기는 진정 우리가 어떻게 살아야 할 것인가를 다시 생각하게 한다.

：

04

사의재 주모에게 깨달음을

우리나라 양성평등기본법 제1조는 '양성평등 이념을 실현하기 위한 국가와 지방자치단체의 책무 등에 관한 기본적인 사항을 규정함으로써 정치·경제·사회·문화의 모든 영역에서 양성평등을 실현하는 것을 목적으로 한다.' 그리고 2조는 '개인의 존엄과 인권의 존중을 바탕으로 성차별적 의식과 관행을 해소하고, 여성과 남성이 동등한 참여와 대우를 받고 모든 영역에서 평등한 책임과 권리를 공유함으로써 실질적 양성평등 사회를 이루는 것을 기본이념으로 한다.'로 되어 있다.

이러한 남녀평등사상에 대한 이야기가 200여 년 전 다산이 오갈 데 없어 거처를 마련해준 사의재의 술을 파는 주모에게서 나왔으니 얼마나 대단한 일인가? 이 이야기는 이미 제2장에서 설명했다.

다산은 놀랍게도 학문이 펼쳐지고 있는 조정이 아닌 유배지 현장, 그것도 학자도 아닌 배운 것 없는 주막집 노파에게서 들은 이야기가 너무나도 충격적이었고, 다산은 이 일이 얼마나 충격적이었는지 그 이야기를 흑산도에서 유배 생활하는 정약전 형님에게 편지를 쓴 것이다. 자신의 머리만 믿고 희희낙락하며 궁중에서 생활하던 다산으로서는 가히 충격적이었던 것이다.

이때 민생의 현장에서 보고 듣고 배울 것이 너무나 많다는 것을 깨우치는 기회가 되었다. 이를 계기로 새로운 마음가짐으로 자신을 추스르며 읍내 제자들을 가르치며 자신도 새롭게 공부를 시작하였다.

다산은 유배 생활을 통해서 그동안 자신의 학문과 현실세계의 괴리를 절실히 깨닫는 순간이기도 했다. 이러한 민생현장에서의 현실과 경험을 바탕으로 그의 학문적 밑바탕이 되었고 경세학의 일표이서가 보다 실천적인 개혁서와 매뉴얼이 되었다는 것을 충분히 이해할 수가 있다.

당시 조선은 남녀차별은 말할 것도 없고 국가 전체가 풍전등화 같은 시대로 국가와 만백성의 이익보다는 당파적 이익을 우선시하는 당쟁의 폐단이 지속되고 있었다. 세도정치로 인해 국왕의 인사권이 세도가들에게 넘어가 매관매직이 성행하고, 돈으로 산 벼슬에 들어간 비용을 회수하기 위해 '삼정(三政)'이 극도로 문란해져서 민생은 도탄에 빠지고 백성들은 굶주림에 허덕여 민란까지 일어날 정도로 심각한 상황이었다.

물질적인 궁핍과 정신적인 동요로 유교의 사회교화 기능이 한계에 이르게 되었고, 때마침 전래된 천주교가 급속히 확산되었다. 다산은 청년 시절인 18세기 후반 정조 시절에 천주교를 접하면서 천주교와 서학에 눈을 뜨게 되었다.

이런 천주교와의 만남은 결국 다산의 생을 변화시키면서 반대파에 몰려 유배까지 당하게 된 것이다. 강진 유배 생활 18년은 다산의 생애 최대의 위기였으나 다산학이라는 다산만의 독창적 학문적 결실을 거두는 시기이기도 하였다. 위기를 기회로 만든 다산의 의지는 바로 주막집 주모의 질문 한마디가 다산을 새로운 세계로 이끄는 또 한 번의 계기가 된 것이 아닌가 생각된다.

05

만능 농사꾼이 따로 있나

향리에 살면서 과원(果園)이나 채소밭을 가꾸지 않는다면 천하에 쓸모없는 사람이다. 나는 지난번 국상(國喪)이 나서 경황이 없는 중에도 만송(蔓松) 열 그루와 향나무 두 그루를 심었었다. 내가 지금까지 집에 있었다면 뽕나무가 수백 그루, 접목(接木)한 배나무가 몇 그루, 옮겨 심은 능금나무 몇 그루가 있었을 것이며, 닥나무가 밭을 이루고 옻나무가 다른 언덕에까지 뻗쳐 있을 것이며, 석류 몇 그루와 포도 몇 덩굴과 파초도 네댓 뿌리는 되었을 것이다.

- 두 아들에게 부침 / 다산시문집 제21권 / 서(書)

다산이 지은 600여 권의 책 속에 농사에 대한 글들이 많이 들어 있다. 특히 유배지 강진에서는 아들들에게 농사짓는 방법을 편지로 전달하면서 쓴 글을 보면 지금도 농사에 적용할 수 있는 방법이기도 할 만큼 상세히 기록하고 있다. 지금이야 모든 일들이 기계화되어 손발의 품을 팔지 않지만 그 당시는 모든 일은 손발이 아니면 할 수가 없었다. 그래서 조금이라도 소홀히 하면 바로 수확으로 결과가 나타나서 한 해 농사의 성패를 알 수가 있다.

채소밭을 가꾸는 요령은 모름지기 지극히 평평하고 반듯하게 해야 하며 흙을 다룰 때에는 잘게 부수고 깊게 파서 분가루처럼 부드럽게 해야 한다. 씨를 뿌림에는 지극히 고르게 하여야 하며, 모는 아주 드물게 세워야 하는 법이니, 이와 같이 하면 된다.

(중략)

- 두 아들에게 부침 / 다산시문집 제21권 / 서(書)

네가 닭을 기른다는 말을 들었는데, 닭을 기르는 것은 참으로 좋은 일이다. 하지만 이 중에도 품위 있고 저속하며 깨끗하고 더러운 등의 차이가 있다. 진실로 농서(農書)를 잘 읽어서 그 좋은 방법을 선택하여 시험해 보되, 색깔과 종류로 구별해 보기도 하고, 홰를 다르게도 만들어 사양(飼養) 관리를 특별히 해서 남의 집 닭보다 더 살찌고 더 번식하게 하며, 또 간혹 시를 지어서 닭의 정경을 읊어 그 일로써 그 일을 풀어버리는 것, 이것이 바로 독서한 사람이 양계(養鷄)하는 법이다.

- 유아(游兒)에게 부침 / 다산시문집 제21권 / 서(書)

살림살이를 꾀하는 방법에 대하여 밤낮으로 생각해 보아도 뽕나무 심는 것보다 더 좋은 것이 없으니 이제야 제갈공명(諸葛孔明)의 지혜보다 더 위에 갈 것이 없음을 알았다. 과일을 파는 일은 본래 깨끗한 명성을 잃지 않지만 장사하는 일에 가까우나, 뽕나무 심는 거야 선비의 명성을 잃지도 않고 큰 장사꾼의 이익에 해당되니 천하에 다시 이런 일이 있겠느냐?

(중략)

금년에는 오디가 잘 익었으니 너는 그 점을 소홀히 말아라. 경오년 중춘(仲春)에 다산(茶山)의 동암(東菴)에서 쓰다.

- 학연(學淵)에게 보여주는 가계, 다산시문집 제18권, 가계

다산은 다산초당으로 거처를 옮겨서는 본격적으로 자신이 구상한

대로 돌을 쌓고 담을 치고, 이랑을 만들고, 연못을 파고, 땅을 일구어 그야말로 초당 살림살이에 부족함이 없을 정도로 갖가지 종류의 채소 와 꽃을 가꾸었다.

일찍이 '향리에 살면서 과수원이나 채소밭을 가꾸지 않는다면 천하에 쓸모없는 사람이다.'라면서 다산 스스로 농사일을 직접 하면서 많은 경험도 쌓았던 것이다. 다산초당을 어떻게 가꾸었는지는 아주 상세하게 기록하고 있어 한번쯤 읽어보면서 당시의 상황을 상상해보는 것도 좋을 것 같다.

어느 날 매화나무 아래를 산책하다가 잡초와 잡목들이 우거져 있는 것이 보기에 안 좋아 손에 칼과 삽을 들고 얽혀 있는 것들을 모두 잘라버리고 돌을 쌓아 단(壇)을 만들었다. 그 단을 따라 차츰차츰 위 아래로 섬돌을 쌓아올려 아홉 계단을 만든 다음 거기에다 채마밭을 만들고 이어 동쪽 못가로 주변을 넓히고 대오(臺塢)도 새로 만들어 아름다운 꽃과 나무들을 죽 심었다. 그리고 거기 있는 바위를 이용하여 가산(假山)을 하나 만들었는데, 구불구불 굽이지게 하여 샘솟는 물이 그 구멍을 통해 흐르게 하였다. 초봄에 일을 시작하여 봄을 다 보내고야 준공을 보았는데 그 일은 사실 문거(文擧) 형제가 맡아서 수고를 해주었고 나도 더러 도왔다. 그 일이 비록 곤궁한 자의 분에 맞는 일은 아니었으나 보는 사람이면 감탄을 하고 또 모두가 아

〈다산동암〉

주 좋다고 하여 시로써 그 기쁨을 나타내기로 하고 이렇게 팔십 운
(韻)을 읊었던 것이다.

억울하고 분했지만 다산은 연연하지 않고 자연 속에서 자신의 글을
통해 승화시켜 나갔다. 유배지 낯선 땅에서 말할 수 없는 억울함과 분

노를 땅을 파고 일구면서 부르짖는 것은 그나마 위안이 되었다. 쏟아지는 억울하고 분한 마음을 땅에 묻고 꽃으로 승화시켜 나가면서 때를 기다리며 분노를 달랬던 것이다. 끝없이 출렁거리는 강진만의 파도가 다산의 마음을 품어내듯이 하얀 거품을 쏟아내고 있었다.

06

아름다운 제자, 황상

"선생님! 제가 세 가지 병통이 있습니다. 첫째는 너무 둔하고, 둘째는 앞뒤가 꽉 막혔으며, 셋째는 답답한 것입니다."

다산이 말했다.

"배우는 사람에게 큰 병통이 세 가지가 있다. 네게는 그것이 없구나. 첫째 외우는 데 민첩한 사람은 소홀한 것이 문제다. 둘째로 글 짓는 것이 날래면 글이 들떠 날리는 게 병통이다. 셋째 깨달음이 재빠르면 거친 것이 폐단이다. 대저 둔한 데도 들이파는 사람은 그 구멍이 넓게 되고, 막혔다가 뚫리면 그 흐름이 성대해진다. 답답한 데도

123

꾸준히 연마하는 사람은 그 빛이 반짝반짝하게 된다. 뚫는 것은 어떻게 해야 할까? 부지런히 해야 한다. 연마하는 것은 어떻게 할까? 부지런히 해야 한다. 네가 어떤 자세로 부지런히 해야 할까? 마음을 확고하게 다잡아야 하는 것이다."

다산이 맨 처음 거처하던 주막집 사의재에서 만난 제자 황상과의 이야기이다.

시골 촌뜨기로 어수룩하기 그지없는 자신감이 없는 황상을 너는 공부 잘할 수 있다고 다독거리며 머리를 쓰다듬는 다정한 할아버지의 모습이 연상된다.

황상은 이 말을 늙어 죽을 때까지 되새기면서 학문의 길을 살아간 다산의 제자 1호이다.

많은 제자 가운데 유배 초창기 그 어렵고 힘든 유배지에서의 삶 속에서 그나마 수발이 되어주고 자신의 학문적 훈기를 불어 넣어줄 제자가 있다는 것이 얼마나 다행이었는지 모른다.

모두가 천주쟁이 죄인이라고 도망가고 피해서 방구석에 혼자 멍하니 있을 수밖에 없던 시절 황상은 다산에게 작은 희망이고 기쁨의 씨앗이었다.

그렇게 다산과 황상은 가장 인간적인 관계를 맺었다.

황상은 첫 제자였고, 제자 가운데 최고의 시인으로 이름을 남겼거

니와 추사도 황상의 시를 인정하고 황상을 찾아 일속산방을 방문하기도 하였다. 그리고 흑산도에 귀양살이하던 정약전도 다산에게 보낸 편지에서 황상을 염려하며 지체가 낮다고 해서 세력 가진 사람들에게 곤경을 당하지나 않을까 염려하는 한편, 문장에 경솔하고 날뛰는 태도가 없다는 것이 다행이라고 쓰며 황상에 대한 염려를 하기도 했다.

이처럼 다산의 제자로서 황상은 다산과 만남을 통해서 뗄 수 없는 관계가 되었다.

그는 14세 때 다산의 제자가 되고 3-4년간 함께 하다가 5-6년간은 오다가다 한 것까지 10여 년 배운 뒤 대구면 항동으로 들어가서 50년간을 계속했다고 했으니 도를 닦는 생활이 아니고서는 견디지 못할 일이었다.

황상은 스승의 가르침대로 두보, 한유, 소식, 육유의 시를 모두 익혔으며 추사의 말대로 당나라의 조업, 조가, 류득인의 시상도 체득해서 황상시를 탄생시켰다.

그는 고려 때 도자기를 굽던 가마터 위에 살림집을 지었고, 글공부하던 일속산방은 북쪽 지네바우 밑에 비올 때만 계곡물이 흐르는 곁에다 짓고 동서남북 모두 다 이름을 붙였다.

황상은 이렇게 다산이 써준 황상 유인첩을 바탕으로 거처를 마련하여 50년간 실천하면서 학문에 정진하였다. 이러한 황상의 일생을 통한 학문적 성과는 온 나라의 명망을 독차지하던 추사 김정희가 세상을 떠나기 직전에 그의 글을 읽고 나서 "온 세상에 이런 작품은 없다."라고 평가할 정도가 되었다.

대실학자 다산의 제자이고, 금석학자 추사와 친구가 되었으니 유인첩 내용대로 황상은 청복(淸福)을 누리고 살았다.

비록 쪽방 같은 집에 살아도 온 세상을 경영하였던 황상의 일속산방은 제2의 다산초당이다. 일속산방은 일찍이 다산이 일러준 글방 짓는 방법에 따라 산속에 지은 글방으로 제2의 다산초당이라고 해도 과

〈일속산방〉

언이 아니다.

평생을 다산의 가르침에 따라 글을 쓰며 자신만의 생활을 했던 곳으로 추사 김정희, 초의선사, 다산 큰아들 학연 등 많은 유명 인사들이 찾았던 곳이기 때문이다.

지역을 선택할 때는 모름지기 아름다운 산수를 골라야 한다. 그러나 강을 낀 산은 시냇물을 낀 산만 못하며, 마을 입구에는 높은 암벽이 있고, 조금 들어가면 눈이 시원하게 확 트인 곳이라야 비로소 복지인 것이다.

(중략)

방 안에는 서가 두 개를 놓고서, 1천 3~4백 권의 책을 꽂되 주역집해, 모시소, 삼례원위, 고서, 명화, 산경, 지지 등에 이르기까지 갖추지 않은 것이 없게 한다.

- 다산시문집 제14권 / 황상 유인첩에 제함

황상은 자신의 신분과 환경이 세상에서 출세하기는 어렵다는 것을 일찍이 알고 있었다. 그래서 다산께 은거의 방법을 묻기도 하였다. 그러자 다산은 '은거는 단순히 세상을 피해 숨어사는 게 아니다. 그것은 세속을 떠나 자신만의 세계를 만드는 일이다. 출세는 아니더라도 자신이 원하는 세계를 그곳에서 만들어 보는 것이다.'라고 하며, 은거라고 해서 아무렇게나 산속에 숨어사는 게 아니라, 인생의 최고 수준에 오른 사람들의 삶의 방식임을 강조했던 것이다.

이런 다산의 말씀을 거울삼아 황상은 청복을 누리기 위해서 일속산방을 마련한 것이다. 비록 벼슬자리 하나 얻지 못했지만, 그는 19세기 조선 최고의 두 지식인 다산과 추사를 스승으로 모시고 살았다.

'좁쌀 하나만 하다'라는 '일속산방'이었지만 그 속에 우주를 담았던 황상의 정신과 학문적 세계는 너무나 많은 것을 누리고 사는 우리에게 시사하는 바가 크다.

시(詩)는 나라와 백성을 생각해야 시다

　다산은 시를 통해서 백성들의 피폐하고 참혹한 생활모습을 그려내고 절망적인 현장을 고발하였다. 다산의 시에 대한 이야기는 열세 살 때 두보의 시를 베껴놓고 그 운을 따라 수백 편의 시를 지어 어른들로부터 크게 칭찬을 받았다는 것에서부터 시작한다.

　그리고 조정에서 벼슬살이를 하면서 명례방에 있던 집의 뜰에 운치 있는 화단을 만들어 놓고 굵은 대나무를 심어 죽란을 만들었다.

　이것을 "죽란서옥"이라 부르며 친구들과 시를 짓던 모임을 만들어 "죽란시사"라고 하였다. 이처럼 다산은 시에 대한 기초가 탄탄하였다. 특히 1794년 33세 청년 다산은 임금의 어명으로 암행어사가 되어 경기도 북부 지역인 적성, 마전, 연천, 삭령을 감찰하였다.

이때 그는 백성들의 처참한 현실을 눈으로 확인하면서 수령과 아전들의 착취가 얼마나 심한가를 경험하게 된다. 이것을 그림으로 그리듯 시로 묘사한 "봉지염찰도적성촌사작(奉旨廉察到積城村舍作)"이다.

시냇가 찌그러진 집 뚝배기와 흡사한데 / 臨溪破屋如瓷鉢

북풍에 이엉 걷혀 서까래만 앙상하다 / 北風捲茅椽戃戃

묵은 재에 눈 덮여 부엌은 차디차고 / 舊灰和雪竈口冷

체 눈처럼 뚫린 벽에 별빛이 비쳐드네 / 壞壁透星篩眼豁

집안에 있는 물건 쓸쓸하기 짝이 없어 / 室中所有太蕭條

모조리 다 팔아도 칠팔 푼이 안 된다오 / 變賣不抵錢七八

(중략)

아서라 옛날 정협 유민도를 본받아 / 遠摹鄭俠流民圖

이 시 한 편 그려내어 임에게나 바쳐볼까 / 聊寫新詩歸紫闥

- 교지를 받들고 지방을 순찰하던 중 적성의 시골집에서 짓다 / 다산시문집 제2권

또 다산은 "굶주리는 백성들(飢民詩)"이라는 기민시로 지칠 대로 지쳐 처참한 백성들의 삶을 현장을 보고 장문의 시로 고발하고 있다.

풀인 양 나무인 양 우리네 인생 / 人生若草木

물이며 흙으로만 살아간다네 / 水土延其支

힘껏 일해 땅의 털 먹고 살거니 / 俛焉食地毛

콩과 조 그게 바로 적합하건만 / 菽粟乃其宜

콩과 조 진귀하기 주옥같으니 / 菽粟如珠玉

혈기가 무슨 수로 기름질쏘냐 / 榮衛何由滋

야윈 목은 늘어져 따오기모양 / 槁項頹鵠形

병든 살결 주름져 닭가죽일세 / 病肉縐鷄皮

(중략)

- "굶주리는 백성들(飢民詩) / 다산시문집 제2권

    특히 강진에서 유배 18년 동안 다산은 시를 통하여 자신의 울분과 백성들의 피폐한 삶의 현장을 고발한다. 탐진촌요, 탐진어가, 탐진농가 등의 시는 서민생활의 풍속과 노동의 풍경을 생생한 토속어로 그려내면서 현실 속에서 백성들이 당하는 고통을 시로 분출하였다.

    이러한 다산의 시에 대한 생각은 무엇보다 관료생활을 통해서 일찍이 경험한 백성들에 대한 고통을 너무나 잘 알고 있었고 강진 현장에서도 수없이 일어나고 있지만 어찌할 수 없는 자신의 처지를 한탄하며 시에 분노를 담고 있다.

　그러면서 다산은 중국은 한없이 우월시하면서 시나 글을 지어도 중국 글이 참다운 시나 글이라고 하는 조선 지식인들을 비판하면서 노인의 한 가지 쾌사에 관한 시 여섯 수를 쓰는 가운데 "나는 조선사람, 즐거이 조선시를 짓겠노라"는 시를 통해 자신의 생각을 나타내고 있다.

　　　　늙은이의 한 가지 유쾌한 일은 / 老人一快事
　　　　붓 가는 대로 미친 말을 마구 씀일세 / 縱筆寫狂詞
　　　　경병을 굳이 구애할 것이 없고 / 競病不必拘
　　　　퇴고도 꼭 오래 할 것이 없어라 / 推敲不必遲
　　　　흥이 나면 곧 이리저리 생각하고 / 興到卽運意
　　　　생각이 이르면 곧 써내려 가되 / 意到卽寫之
　　　　나는 바로 조선사람인지라 / 我是朝鮮人
　　　　조선시 짓기를 달게 여길 뿐일세 / 甘作朝鮮詩

　　　　(후략)

　　　　　　　　　　- 다섯 번째 / 다산시문집 제6권 / 시(詩) / 송파수작(松坡酬酢)

다산은 자식들에게 쓴 편지에서도 "시라는 것은 임금을 사랑하고 나라를 근심하지 않은 것은 시가 아니고, 시대를 슬퍼하고 세속을 개탄하지 않은 것이라면 시가 아니다."라며 훈계하고 있다. 이처럼 다산은 유배살이 중에도 오직 나라와 백성을 위한 생각으로 글과 시를 쓰며 보냈던 것이다.

"임금을 사랑하고 나라를 근심하지 않은 것이라면 시가 아니요, 시대를 슬퍼하고 세속을 개탄하지 않은 것이라면 시가 아니며, 높은 덕을 찬미하고 나쁜 행실을 풍자하여 선을 권하고 악을 징계한 것이 아니라면 시가 아니다. 그러므로 뜻이 서지 않고 학문이 순전하지 못하며 대도를 듣지 못하여, 임금을 요순의 성군으로 만들어 백성들에게 혜택을 입히려는 마음을 갖지 못한 자는 시를 지을 수 없는 것이니, 너는 힘쓰도록 하여라."

- 연아에게 부침 무진(1808, 순조 8년, 선생 47세) 겨울 / 다산시문집 제21권 / 서(書)

:

글벗 친구, 혜장 선사를 만나다

다산과 혜장의 오고간 발길 연연세세 흘러 흔적 없건만,
숲길 오솔길 유명세 타고 도란도란 세상 이야기 꽃피우네.

그 옛날 다산의 외로운 유배 생활 이웃한 백련사 오솔길
다산과 혜장의 더없는 글과 시로 친분을 나누던 우정의 길.

오가는 아낙네들 깊은 사연 알 듯 모를 듯 속삭이며
거니는 오솔길 새소리 바람소리 낯선 아낙네들 반기네.

다산초당 모기떼들 득실거리고 땅 습한 폐쇄된 공간에서

백련사에 저 멀리 강진만 바람에 어두운 마음이 환하네.

글벗과 함께하며 오고가는 길에 사람의 정 쌓이고 쌓여
깊은 학문의 샘물 되고 지혜의 빛이 되어 세상을 비추네.

다산과 혜장이 샘솟듯이 품어낸 말없는 사랑의 속삭임
오늘도 저 멀리 강진만 구강포 출렁이며 한없이 오고가네.

　　　　　　　　　　　　　　　　— 어느 날 다산초당과 백련사 길을 걸으며

혜장과 다산의 만남은 바로 음양의 만남이었다. 음양이 조화를 이루어 천지조화를 노래하며 시를 쓰고 글을 읽으며 그 많은 사연과 이야기를 우리에게 남겨주었다.

다산은 혜장을 만나면서 오랜만에 고수를 만난 듯 그동안의 못다 한 학문의 샘이 터졌다. 강진 유배 생활을 시작한 사의재에서 다산은 마음을 다잡기 위해서 잡은 책이 주역이었다.

다산은 아들에게 보낸 편지에서도 어느 책보다 귀하게 여기라고 한 것이 주역을 재해석한 주역사전이었다. 유배 생활 중 4년에 걸쳐서 고치고 또 고치면서 보완하여 1808년에 주역사전을 완성한다. 그런 와중에 다산은 혜장을 만나게 되면서 서로가 주역에 대하여 주고받는 질문 속에서 깊은 학문의 샘물이 터져 나온다.

혜장은 법문에는 물론 주역에도 남다른 깊이 있는 식견을 갖고 있었다. 그리하여 다산과의 만남 속에서 주역에 대하여 서로 의견을 나누다가 혜장은 다산의 깊은 식견에 무릎을 끊고 스승으로 모시게 되는 역사적 만남이 시작된다.

다산은 아암 장공의 탑명이라는 글에서 다음과 같이 밝히고 있다.

1801년(순조 1) 겨울에 나는 강진으로 귀양을 갔다. 5년이 되던 해 봄에 아암이 와서 백련사에서 묵으며, 애타게 나를 만나고자 하였다. 하루는 내가 노인을 따라 신분을 감추고 가서 그를 만나 그와 더불어 한나절까지 이야기했으나, 내가 누구인지를 알지 못했다. 가겠노라고 말하고 돌아서서 북암에 이르렀을 때는 땅거미가 어둑어둑 지기 시작하였다. 그런데 아암이 헐레벌떡 쫓아와 머리를 조아리고 합장하면서, "공께서 어찌 이처럼 사람을 속이십니까? 공은 정대부 선생이 아니십니까? 저는 밤낮으로 공을 사모하였는데 공이 어찌 이러실 수가 있습니까?" 하였다. 그러면서 손을 끌어 그의 방에 가서 묵게 하였다.

이렇게 혜장은 이미 다산에 대해 알고 있었던 것이다.
혜장의 이런 만남을 계기로 두 사람은 서로가 못다 한 학문적 이야기들을 샘솟듯이 품어내게 되었던 것이다.

다산은 이야기할 상대가 없는 상황에서 혜장과 기탄없는 토론을 통하여 주역을 재해석하는 데 열정을 쏟을 수 있었다. 시련과 고난의 유배 생활은 이렇게 해서 서서히 다산의 머릿속에 지워져가고 있었다. 오직 열정적인 학문연구와 깊이 있는 학문을 통한 저술을 통해서 유배의 공포와 우울한 먹구름을 걷어내고 있었다.

혜장은 다산이 글에서 말한 것처럼 삼십 나이에 만인의 스승이 되어 하늘을 나는 새와 같은 명성을 갖고 있었다. 혜장은 총명하여 불경뿐만 아니라 세속의 학문까지 통달하였으므로 그의 명성은 승도들 사이에서도 이미 알려진 사실이었다.

이런 혜장과 다산의 만남은 단순한 만남이 아니었다. 유학과 불교계 두 거두가 만난 것이다. 이들은 서로가 서로를 인정하면서 서로의 학문을 위해서 격의 없는 조언과 의견을 나누었다.

다산과 혜장은 달 밝은 밤에 함께 누워서 서로의 이야기를 나누면서 학문의 깊이를 알게 된다. 그러면서 혜장은 다산을 선생으로 모시게 된 것이다. 다산의 글을 보면 알 수가 있다.

밤이 깊어 베개를 나란히 하고 누우니, 서쪽 창에 달빛이 낮과 같았다. 내가 그를 당기며 '혜장 자오?'라고 하니, 그는 '아닙니다.'라고 했다. 내가, "건괘의 초구 첫 번째의 양효라 함은 무슨 말이오?" 하니, 아암이 "구라는 것은 양수의 끝입니다." 하였다. 나는 "음수는 어디에 그치는가?" 하니, 그가 "십에 그칩니다." 하였다. 나는 "그렇소. 그렇다면 왜 '곤괘는 초십'이라고 말하지 않았소?" 하니, 아암이 깊이 오랫동안 생각하다가 벌떡 일어나 옷깃을 바로잡고 호소하기를, "제가 20년 동안 역을 배운 것이 헛일이었습니다. 묻자옵건대, 곤괘의 초륙은 어찌하여 이른 것입니까?" 하였다. 나는 "모르오. 귀기의 법이 맨 뒤의 셈은 4나 2를 모두 기수로 삼는데 2ㆍ4는 우수가 아니오?" 하였다. 아암이 처연히 한숨을 쉬며, "우물 안 개구리와 초파리는 진실로 스스로 슬기로운 체할 수 없구나!" 하고서 더 가르쳐 달라 했으나 나는 더 이상 응답하지 않았다.

- 아암 장공의 탑명 / 17집

이렇게 시작된 다산과 혜장의 만남은 다산이 머물고 있는 사의재 생활을 청산하고 조용하고 한적한 고성사 보은산방으로 옮겨서 더더욱 학문적 연구에 몰입하게 한다. 뿐만 아니라 다산과 혜장은 서로가 자주 만나서 시와 글을 주고받으면서 서로가 못다 한 학문적 의문을 해소하게 된다.

혜장은 또 다산에게서 차의 이론을 배워 차 문화에 큰 영향을 미쳐 다산의 호칭까지 듣게 된다. 청출어람, 이렇게 배운 차를 혜장은 다산

에게 만들어 드리고 또 차가 떨어지자 차를 보내달라는 다산의 글도
남아 있다.

전해 듣기에 석름 밑에서 / 傳聞石廩底

예로부터 좋은 차가 난다던데 / 由來産佳茗

때가 보리 말릴 계절이라 / 時當晒麥天

기도 피고 창도 돋았겠지 / 旗展亦槍挺

궁하게 지내면서 장재가 습관이라 / 窮居習長齋

누린내 나는 건 이미 싫어졌다네 / 羶臊志已冷

돼지고기와 닭죽은 / 花猪與粥鷄

너무 호화스러워 함께 먹기 어렵고 / 豪侈邈難竝

다만 근육이 땅기는 병 때문에 / 秖因痃癖苦

간혹 술에 맞아 깨지 못한다네 / 時中酒未醒

산에 사는 기공의 힘을 빌려 / 庶藉己公林

육우의 솥에다 그를 좀 앉혀보았으면 / 少充陸羽鼎

그를 보내주어 병만 낫게 만들면야 / 檀施苟去疾

물에 빠진 자 건져줌과 뭐가 다르겠는가 / 奚殊津筏拯

불에 쪄 말리기를 법대로 해야지만 / 焙晒須如法

물에 담갔을 때 빛이 해맑다네 / 浸漬色方瀅

- 혜장 상인에게 보내 차를 빌다 / 시문집 5권

"혜장이 날 위해 차를 만들었는데, 때마침 그의 문도 색성이 나에게 무얼 주었다 하여 보내주지 않고 말았으므로 그를 원망하는 말을 하여 주도록 끝까지 요구하였다."

옛날 여가는 대를 몹시 탐하더니 / 與可昔饞竹

지금 탁옹은 차를 그리 즐긴다네 / 籜翁今饞茗

더구나 그대 사는 곳 다산이기에 / 況爾棲茶山

그 산에 널린 것 자색 순 아니던가 / 漫山紫筍挺

제자 마음은 비록 후하지만 / 弟子意雖厚

선생이 왜 그리 냉대란 말인가 / 先生禮頗冷

백 근이라도 마다하지 않을 텐데 / 百觔且不辭

두 꾸러미 다 주면 뭐가 어때서 / 兩苞施宜竝

술이라도 한 병 가지고서야 / 如酒只一壺

오래 깨지 않고 취하겠는가 / 豈得長不醒

언충의 오지그릇이 비어 있는데 / 已空彦沖瓷

미명의 솥을 그냥 놀리란 말인가 / 辜負彌明鼎

이웃 사방에 병든 자가 많은데 / 四隣多霍癖

찾아오면 무엇으로 구제할 것인가 / 有乞將何拯

믿노라 푸른 시내 위 달이 / 唯應碧澗月

구름 헤치고 맑은 얼굴 내밀 것을 / 竟吐雲中瀅

- 다산시문집 제5권

140

다산은 혜장과의 만남을 통하여 자신의 분노와 울분을 학문적 연구로 승화시켰다. 하지만 혜장은 40이라는 짧은 생을 마감하면서 다산에게도 큰 상처가 되었지만, 훗날 혜장의 제자들과의 만남은 또 다른 학문의 샘터가 되었다.

다산은 유학과 불교를 함께 아우르면서 자신의 삶의 여정을 스스로 극복하면서 유배를 기회로 삼았던 것이다.

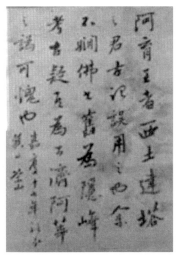

〈다산 시(詩)〉

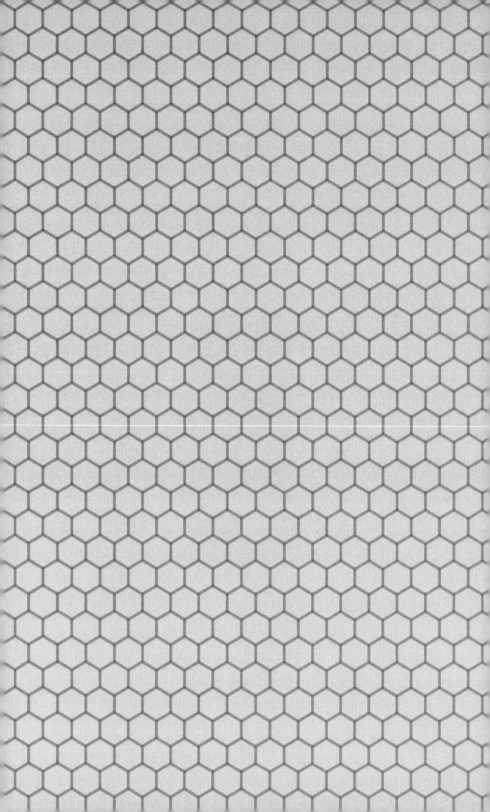

PART 5

_____

**그리움과 사랑의
속삭임**

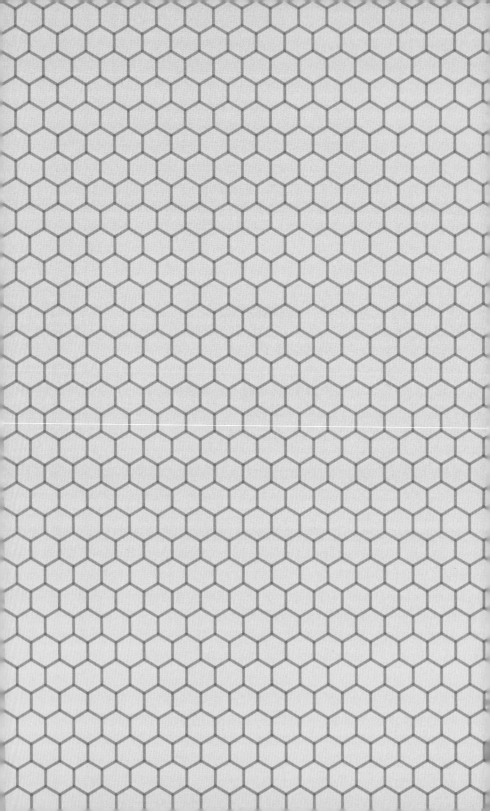

⋮

01

낯 모르는 객이 바로 큰 자식이었네

계십니까?

뉘시오?

불효자입니다.

불효자라니, 뭔 말이오.

아버님, 저 학가입니다.

학가라니, 잘못 찾아온 것이 아닌가?

큰아들 학연이가 다산을 찾았지만 알아보지 못하였다. 기가 막힌 일이다.

네댓 살 때 떠나온 다산은 수염이 더부룩한 청년을 보면서 쉽게 두고 온 큰아들 학연인 줄을 몰랐던 것이다. 유배당해 온 신세로 아버지가 자식을 못 알아보니 당시의 모습을 상상해보니 가슴이 시리다.

1805년 겨울 학연은 농사지은 마늘을 팔아 마련한 여비로 천리 길을 찾아 다산을 찾았다. 하지만 찾아온 자식과 함께 비좁은 사의재 주막에서 큰아들과 함께 머물기는 힘들었다. 다행히도 백련사 혜장 선사가 고성사에 반 칸짜리 방을 빌려주어 풍경소리 들으며 머무를 수 있게 되었다며 그것마저도 안락하게 생각한 다산의 마음이 전해 온다.

다산은 보은산방에 있으면서도 자신이 처해 있는 곳이 천국이라 위로하며 큰아들과 함께 1년을 머물면서 여러 시를 남겼다. 다산이 큰아들을 만났을 때의 심경을 시로 남겼다.

객이 와 내 문을 두드리기에 / 客來叩我戶

자세히 보니 바로 내 자식이었네 / 熟視乃吾兒

수염이 더부룩이 자랐는데 / 須髯鬱蒼古

미목을 보니 그래도 알 만하구나 / 眉目差可知

생각하면 너 네댓 살 시절에 / 憶汝四五載

꿈에 보면 언제나 아름다웠었다 / 夢見每丰姿

장부가 갑자기 앞에서 절을 하니 / 壯夫猝前拜

어색하고 정도 가지 않아 / 窘塞情不怡

안부 형편은 감히 묻지도 못하고 / 未敢問存沒

우물우물 시간을 끌었단다 / 囁嚅爲稍遲

(중략)

손을 맞잡고 산으로 올라왔으나 / 携手上山岡
나와 너 갈 곳이 어디란 말이냐 / 吾與汝何之
엉클어진 산들을 보고 / 錯綜見丘阿
넓고 넓은 천지라도 가보련만 / 浩蕩臨天池
기구하게 절간을 찾아들어 / 奇嶇到僧院
구걸하는 이 모양이라니 / 丐乞顏色卑
다행히도 반 칸짜리 방을 빌어 / 幸借房半間
세 때 종소리를 함께 듣는구나 / 共聽鐘三時

- 학가가 왔기에 그를 데리고 보은 산방으로 가 이렇게 읊다 / 다산시문집 제5권

다산과 큰아들이 거처하던 곳을 보은산방이라 한다.

보은산방은 다산이 사의재를 떠나 1년 동안 큰아들 학연과 함께 주역을 가르치고 공부하던 곳이다.

그러나 지금의 모습을 보면 안타깝다. 보은산방 간판만 붙여지고 문은 꽉 닫힌 채 다산의 흔적은 찾을 수 없다. 다산의 정신과 흔적들은 간곳없고 꼴불견 같은 컨테이너 박스가 녹슬어가며 피를 흘리고 있다.

어찌 이리도 소중한 문화 유적지를 소홀히 한단 말인가. 차라리 보지 않았으면 하는 마음이었다. 쓰라린 가슴을 안고 보은산방을 내려오니 영랑생가로 들어서는 임도가 있다. 숲속에 들어서니 마침 산들바람이 속삭이며 내 마음을 추스르게 한다.

바람은 온갖 나무들을 흔들어 대며 너울거린다. 그래, 우리의 모습이 이 모양 이 꼴이 된 것은 그럴 수밖에 없는 이유가 있겠지 하는 생각에 가슴이 답답하다. 다시 한번 마음을 추스리며 다산의 그 위대한 정신과 사상을 우리 모두가 가슴에 되새기길 바란다.

다산의 꿈은 언제나 피어날까? 안타까운 마음이 오늘도 떠나질 않는다.

:

02

아내 홍씨 치마 속의 그리움

하룻밤에 지는 꽃은 천 잎이요

우는 비둘기 어미 제비 지붕 맴도는데

외로운 나그네 돌아가지 못하고 있으니

어느 때나 침방에 들어 꽃다운 인연 맺어볼까

그리워 말까 보다

그리워 말까 보다 서글픈 꿈속에 본 그 얼굴을

- 또 아내에게 부치다 / 다산시문집 제5권

어느 때나 침방에 들어 꽃다운 인연 맺어 볼까? 가슴이 미어진다. 나
이 40에 처자식 다 남겨두고 유배살이 떠나올 때 한강변에서 손 흔들

며 헤어지던 부인 홍씨며 어린 자식들이 눈에 선하다. 유배살이 한스럽기 그지없고 기약조차 없기에 함께 할 날 꿈도 꿀 수 없는 신세다. 보고 싶어도 볼 수가 없고 가고 싶어도 갈 수도 없는 신세 어이할꼬? 한숨만 절로 나는구나.

  다산은 아무리 생각해도 더 이상 만날 수 없을 것 같은 두려움에 또 한 번 마음이 상한다. 그리워 말까 보다 그리워 말까 보다 서글픈 꿈속에 본 그 얼굴을 다산은 그리워 말자고 되뇌이는 다산의 모습이 짠하다.

  내가 강진에서 귀양살이하고 있을 적에 병이 든 아내가 헌 치마 다섯 폭을 보내왔는데, 그것은 시집올 적에 입는 옷으로 붉은빛이 담황색으로 바래서 글 쓸 종이 대용으로 알맞았다. 이를 재단, 조그만 첩으로 만들어 훈계하는 말을 써서 두 아이에게 전해 준다. 다음 날에 이 글을 보고 감회를 일으켜 두 어버이의 흔적과 손때를 생각한다면 틀림없이 그리는 감정이 뭉클하게 일어날 것이다. 이것을 '하피첩(霞帔帖)'이라고 명명한다. 1810년 초가을에 다산 동암에서 쓰다.

– 하피첩에 제함 / 다산시문집 제14권

  어느 날 아내로부터 온 한 꾸러미의 보따리를 받는 순간 다산은 그 자리에 풀썩 주저앉아서 흐느낄 수밖에 없었다. 시집올 때 입고 왔던

〈하피첩〉

홍치마를 곱게 싸서 그 속에 못다 한 정을 한꺼번에 싸서 보낸 것이다. 아무리 생각해도 기가 막힐 일이다.

귀족집안인 홍씨 가문에서 시집오면서 입고 왔던 귀한 치마인데 유배지로 차마 올 수가 없으니 온몸을 감쌌던 치마를 보낸 것이다.

다산 선생은 15세 때인 1776년에 풍산 홍씨와 혼인하여 25년을 함께 살다 나이 40에 강진으로 유배와 18년을 헤어져 살게 된다. 그리고 해배되어 고향에 돌아가 18년을 살다가 나이 75세로 세상을 떠나게 된다.

아내인 홍씨는 1761년에 태어나 1838년 6월 28일 세상을 떠나니 78세를 살았고 자식은 6남 3녀를 낳았지만 학연과 학유 2남매와, 1녀 윤영희의 아내만 살았다.

빛바랜 5폭 치마를 보면 볼수록 그리움이 사무치고 아내에 대한 미안함이 절절히 토해낼 수밖에 없는 다산의 마음을 되새겨 본다. 유배지인 다산초당으로 보내 와서 책의 크기로 절단한 뒤 글을 짓고 써서 자식들에게 주었던 가훈이다. 1810년 7월에서 썼다는 기록을 남겼다. 내용은 자식, 남편, 아버지 도리를 찾는 일에 관한 것으로 우리가 살아가면서 실천해야 할 소중한 자료이다.

03

가슴을 뜨겁게 적시는 형제애

어릴 적 교과서에서 배우던 의좋은 형제 이야기가 이제는 고전 속에서나 찾아 볼 수 있게 되었다. 언론에 회자된 대기업 그룹의 형제는 물론 많은 사건사고 가운데 형제들과의 싸움으로 법정 다툼이 벌어지는 것은 이제 흔한 일이 되었다.

비록 200여 년의 일이지만 억울한 죄명으로 유배당한 다산 선생의 18년 세월은 가족에 대한 그리움과 가슴을 적시는 뜨거운 형제애가 넘친다. 이러한 것들은 다산의 유배 생활을 승화시키는 원동력이 되었다.

그리고 폐족으로 모든 것을 포기하지 않고 처해 있는 현실을 바탕으로 주변에 있는 것들을 바탕으로 지속적으로 자신은 물론 가족과 형제애로 승화시켰다.

무엇보다도 둘째 형인 정약전과 함께 유배를 오면서 겪은 마음의 고통은 두고두고 다산의 기억 속에 남아 있었다.

나주 율정 삼거리 주막집에서의 마지막 밤은 다산과 형 정약전과의 영원한 이별의 밤이 되고 말았다. 왜냐하면 정약전이 헤어져 흑산도로 간 뒤 1816년 다산이 해배되기 2년 전인 흑산도에서 생을 마치게 됐기 때문이다.

제일 미운 것은 율정 주점의, 문 앞의 길이 두 갈래로 난 것이네
원래 한 뿌리에서 태어났는데, 낙화처럼 뿔뿔이 흩날리다니
천지를 넓게 볼 양이면, 모두가 한 집안이건만
좀스레 내 꼴 내 몸만 살피자니, 슬픈 생각 언제나 가엾구나

- 손암에게 받들어 올리다 / 다산시문집 제5권 / 시(詩)

강진에서 경서 연구에 몰입한 다산은 책을 지을 때마다 뱃사람을 통해 둘째 형에게 보내어 자문을 구했다. 비록 약전은 동생보다 저술 활동에 힘을 기울이지 않았지만, 동생의 책이 오면 반드시 꼼꼼하게 읽어 보고 피드백을 해서 보냈다.

두 형제는 유배 생활 내내 서로를 그리워하며 위로하면서 분노의 세월을 보냈던 것이다.

어느 날, 다산은 보은산 우두봉에 올랐다가 형에 대한 그리움이 사무쳐 시를 읊었다. 미처 알지 못했던 우두봉과 우이도 그리고 형제봉에 대한 이야기를 들으며 흑산도로 유배 간 형을 그리워하는 마음이 너무나 간절했던 것이다. 그리하여 형에 대한 그리움을 "보은산 정상에 올라 우이도를 바라보며"라는 시로 남겼다.

흑산도로 들어가는 입구에 우이도가 있고, 강진의 뒷산 보은산 우두봉을 우이산이라고도 불러 우연히도 이름이 같은 것이다. 또 보은산 정상에 있는 봉우리가 둘인데 그 이름이 형제봉이라 그는 우이도와 우이봉이 바다 건너 마주하고 있고 이곳 우이봉이 형제봉이라는 것이 마치 둘째 형과 자신을 가리키는 것처럼 생각했다.

그러면서 형제가 이별하여 바다 건너 떨어져 지내면서 아무리 그리워도 만날 길이 없는 현실을 슬퍼하였던 것이다. 보은산과 우두봉은 다산의 형제애를 느낄 수 있는 정취가 서려 있는 곳이다.

나해와 탐진이 이백 리 거리인데,
험준한 두 우이산을 하늘이 만들었던가
삼 년을 묵으면서 풍토를 익히고도,
자신이 여기 또 있는 것은 내 몰랐네

- 다산시문집 제4권

155

정약전은 유배지인 우이도에서 흑산도로 들어가 살다가 동생의 해배 소식을 들었다. 그리고 "나의 아우로 하여금 나를 보기 위하여 험한 바다를 두 번이나 건너게 할 수 없다"며, 흑산도 주민들의 반대에도 불구하고 우이도로 건너와서 동생을 기다렸다. 그러나 풀려나기로 한 다산은 강준흠의 상소에 막혀 해배되지 못했다.

약전은 우이도에서 3년 동안 동생을 기다리다 세상을 떠났다. 다산 초당에서 둘째 형의 부음을 들은 다산은 목 놓아 울며, "율정에서의 이별이 끝내는 죽을 때까지 만나 보지 못하는 천고의 이별이 되고 말았구나!"라고 탄식했다.

형제가 유배지로 떠나면서 나주 율정점에서 본 것이 마지막이 된 것이다.

외딴 흑산도에서 외롭고 고달프게 귀양살이를 하는 둘째 형님에 대한 걱정과 안타까움이 곳곳에 드러나 있다. 형님의 건강을 걱정하여 개고기 요리법을 글로 알려주기도 하고 옴 치료에 도움이 되는 약을 보내 주기도 한다.

또 시에는 이런 부제가 붙어 있다. "내가 앓고 있는 고질적인 부스럼과 옴이 요즈음에는 더더욱 심해져 손수 신이 고라는 연고를 만들어 바르고 나아서 보내드린다."고 하였다.

이놈의 옴 근질근질 늙도록 낫지 않아

몸뚱이를 차 볶듯이 찌고 쬐고 다 했다네

데운 물에 소금을 타 고름도 씻어내고

썩은 풀 묵은 뿌리 뜸 안 뜬 것이 없다네

벌집을 배게 걸러 거기에서 즙을 짜고

뱀허물을 재가 안 되게 살짝만 볶은 다음

단사 넣어 만든 약을 동병상련 마음으로

자산의 사환 오기만 두고서 기다린다네

- 유합쇄병을 부쳐온 운에 화답하다 / 다산시문집 제5권

오늘 살아가는 우리 모두에게 다산의 형제애와 그리움은 그 어느 때보다 절실하다. 경제가 성장해서 3만 불 시대라고 하지만 가슴을 뜨겁게 적시는 인간에 대한 사랑과 그리움이 절실한 시대이다.

:

04

아들들아 폐족을 살려라

천주쟁이 대역 죄인으로 유배된 다산은 물론 남은 가족 역시 힘들기는 마찬가지였다. 왜냐하면 다산의 삶을 보면 부정부패로 축적해 둔 것도 없었기 때문이다.

이것은 조정에 있을 당시 여자 하인이 옆집 호박을 따서 죽을 끓이다가 부인 홍씨에게 들켜서 혼이 난 이야기를 보면 알 수가 있다.

이처럼 남은 가족들조차도 어렵게 된 상황에서 다산은 자식들 걱정이 앞섰다. 그러나 다산은 자신의 분노와 억울한 생각보다는 자식들이 잘못 될까 봐 늘 걱정이었다. 왜냐하면 이제 자식들은 과거 시험을 볼 수도 없고 어디 가서 떳떳하게 활동하기도 힘든 처지가 되었기 때문이다.

모든 사회로부터 역적 죄인의 아들로 낙인 찍혀 자포자기로 아들들이 삶을 포기할까 봐 걱정이 되었던 것이다. 그래서 다산은 오갈 수도 없고 직접 볼 수도 없는 처지에서 서신을 통하여 지속적으로 교육을 시켰다. 그리고 어느 정도 유배기간이 지나면서 아들들이 오가며 직접 글을 가르치고 교육한 내용을 점검도 하였다.

다산이 두 아들들에게 보낸 편지를 살펴보면 효도, 학문하는 자세, 독서 방법, 저술방법, 시 작법 등으로 다양하다. 다산의 이러한 편지의 주요 내용을 살펴보니 지금도 우리에게 필요한 지혜라고 생각된다.

- 책 한 장이라도 베껴주는 것이 풍성한 안주로 제사지내는 것보다 좋다.

내가 죽은 뒤에 아무리 정결한 희생과 풍성한 안주를 진설해 놓고 제사를 지내준다 하여도, 내가 흠향하고 기뻐하는 것은 내 책 한 편을 읽어주고 내 책 한 장(章)을 베껴주는 일보다는 못하게 여길 것이니, 너희들은 그 점을 기억해 두어라.

- 주역사전은 사람의 지혜나 생각으로 이룰 수 없는 책이다.

'주역사전'은 바로 내가 하늘의 도움을 얻어 지어낸 책이요 절대로 사람의 힘으로 통할 수 있고 사람의 지혜나 생각으로 이룰 수 있는 바가 아니다. 이 책에 마음을 가라앉혀 깊이 생각하여 오묘한 뜻을 모두 통할 수 있는 사람이 있다면 그는 바로 나의 자손이나 붕우가 되는 것이니 천 년에 한 번 나오더라도 배 이상 나의 정을 쏟아 애지중지할 것이다.

– 상례사전은 모든 책 중에서 오직 물려받을 만한 책 중에 하나이다.

'상례사전'은 바로 내가 성인을 독실하게 믿고 지은 책으로 내 생각에는 광란의 물결을 돌리고 온갖 내를 막아 공·맹의 참된 근원으로 돌아가게 했다고 여기는 것이니, 정밀하게 생각하고 관찰하여 그 오묘한 뜻을 터득하는 사람이 있다면 이것이야말로 뼈에 살을 붙이고 죽은 생명을 살려준 은혜와 같아 천금을 주지 않더라도 받은 것처럼 감지덕지하겠다. 이 2부(部)만 전하여 물려받을 수 있다면 나머지 것들은 폐기한다 하더라고 괜찮겠다.

– 하늘의 이치는 돌고 돈다. 항상 마음을 화평하게 요로에 있는 것처럼 처신하라.

진실로 너희들에게 바라노니, 항상 마음을 화평하게 가져 요로에 있는 사람들과 다름없이 처신하여라. 그리하여 아들이나 손자의 세대에 가서는 과거에도 마음을 두고 경제에도 정신을 기울일 수 있도록 해야 한다. 하늘의 이치는 돌고 도는 것이라서, 한 번 쓰러졌다 하여 결코 일어나지 못하는 것은 아니다. 만약 하루아침의 분노를 견디지 못하고 서둘러 먼 시골로 이사가 버리는 사람은 천한 무지렁이로 끝나고 말 뿐이다.

가경 경오년 초가을에 다산(茶山)의 동암(東庵)에서 쓰다.

- 당파에 관계하지 마라.

우리 집안은 조상 때부터 당파에 관계하지 않았다. 더구나 어려움에 처한 때부터는 괴롭게도 옛 친구들에게까지 연못에 밀어 넣고 돌을 던지는 경우를 당했으니, 너희들은 내 말을 명심하고 사당파에 마음을 깨끗이 씻어버려야 한다.

- 시에는 반드시 감개한 내용이 있어야 한다.

'시경' 3백 편은 모두 성현들이 뜻을 잃고 시대를 근심한 작품들이다. 그러므로 시에는 반드시 감개한 내용이 있어야 한다. 그러나 절대로 미묘하고 완곡하게 표현을 해야지 얄팍하게 드러나도록 해서는 안 된다.

- 기다렸다가 고향에다 장사지내도록 해라.

나는 지금 풍병으로 사지를 쓰지 못하고 있으니 오래 살 것 같지 않다. 다만 단정히 앉아 먹기나 하면서 해치는 것만 없다면 혹 조금의 세월은 지연시킬 수도 있을 것이다. (중략) 내가 이곳에서 죽는다면 이곳에다 묻어두고 나라에서 죄명을 씻어 줄 때를 기다렸다가 그때 가서 고향에다 장사 지내도록 해라. (중략) 잘 생각하여 각별히 내 말에 따르도록 해라.

- 사람을 알아보려면 먼저 가정에서의 행실을 살펴야 한다.

사람을 알아보려면 먼저 가정에서의 행실을 살펴야 한다. 만약 그의 옳지 못한 점을 발견하면, 즉시 자신에게 비춰보아, 자기에게도 그러한 잘못이 있을까 두려워하는 마음으로 그러지 않도록 힘차게 공부를 해야 한다.

오늘날 나 자신을 되돌아봐도 이렇게 자상하게 자식들에게 조언해 주거나 이해해주지 못할 것 같다. 다산은 물론 유배 생활이라고는 하지만 자식들에게 정말 세심하게 그리고 냉철하게 무엇을 어떻게 해야 할 것인가 가르치고 있다. 오늘날 부모교육에 대해 다시 한번 생각하게 한다.

〈아학편〉

05

아버지를 개나 염소처럼 여겨도 되느냐

다른 사람이 이 애비를 개나 염소처럼 업신여기고 있는데도 너희

들은 부끄러워할 줄을 모르고 이처럼 나를 독촉하여 일을 이루려고

하여, 감히 저들의 비웃고 냉소(冷笑)하는 말을 아비에게 전한단 말

이냐. 가령 저들의 권력이 꺼진 불을 다시 일으켜 나를 공격해서 추

자도(楸子島)나 흑산도(黑山島)로 보낸다 할지라도 나는 머리카락

하나 끄떡이지 않는다.

　- 두 아들에게 답함 병자(1816, 순조 16년, 선생 55세) 6월 4일 / 다산시문집 제21권 / 서(書)

자식들에게 쓴 편지의 중 한 통의 일부이다. 내용을 읽으면서 이것

이 다산의 글인가 할 정도로 아주 냉철스럽고 대못을 막는 말처럼 느

껴진다.

다산은 서신을 통해서 세심하고 자상한 아버지로서 때론 엄격한 스승으로서 자신의 수많은 서신을 통해서 가르쳤다. 그런 편지 가운데 유별스럽게 이렇게 분노의 글을 쓴 것은 다름 아닌 다산의 해배와 관련한 일 때문이었다.

다산은 18년 유배 중에 몇 번의 해배 기회가 있었다.

그 첫 번째가 1803년(순조 3)으로 대비가 특명으로 다산을 석방하려는데, 영의정 서용보(徐龍輔)가 저지하는 바람에 해배되지 못하였다.

서용보는 다산이 암행어사 시절 서용보의 인척의 비리를 정조에게 보고하여 징계를 받게 했던 인물이다.

두 번째는 1810년(순조 10) 가을로 다산의 아들 학연(學淵)이 징을 울려 나라에 원통함을 호소하여 형조 판서 김계락(金啓洛)이 주상의 재결을 청하여 유배등급보다 한 등급 아래 형벌인 벼슬을 삭탈하고 시골로 내쫓는 방축향리(放逐鄕里)를 명하였다. 그런데 이때는 홍명주(洪命周)가 소를 올려 그것이 불가하다고 하고, 또 한때 천주교를 같이 공부했던 이기경이 반론의 문서를 올려서 끝내 해배되지 못하였다.

세속에서 이르는 '겉으로만 인정을 베푸는 척한다.[虛德色]'는 말을 너는 알고 있느냐? 힘 안 들이고 입만 놀려 너의 뜻을 기쁘게 해주고는 돌아가서 냉소하는 자가 가득 차 있다는 것을 너는 아직도 깨닫지 못한 것이냐? 넌지시 권세가 성함을 보여 몸을 굽히고 땅에 엎드리게 한 것인데 네가 과연 그 술수에 빠졌으니 어리석은 사람의 행동이 아니겠느냐?

- 학연(學淵)에게 보여주는 가계 / 다산시문집 제18권 / 가계(家誡)

이런 과정 속에서 다산은 해배에 대한 미련을 버리고 있었지만, 자식 된 도리로 어떻게든지 다산을 해배시키려고 했던 것이다. 그 와중에 자신의 해배에 대한 소식을 들은 다산이 자식들에게 쓸데없는 짓으로 애비를 개나 염소처럼 업신여기게 만들었다며 호통을 치는 편지이다.

아무리 유배를 와 있지만 인간 같지도 않는 자들에게 가서 아쉬운 소리 하면서 애비의 해배를 소원한단 말이냐며 호통 치는 다산의 모습이 눈에 선하다.

그보다 더한 꼴을 당하고서도 지금까지 이곳에서 생활해 왔는데 이제 뭘 더 바라겠냐며 저들의 권력이 꺼진 불을 다시 지펴서 나를 공격해서 추자도나 흑산도로 다시 보낸다 할지라도 나는 머리카락 하나 까딱이지 않을 것이라는 다산의 결의는 지금까지의 삶의 모습을 단적으로 표현하고 있는 것이다.

다산은 오직 현실에 만족하면서 긍정적으로 있는 곳에서 털끝 하나도 성한 곳이 없이 망해가는 조선의 미래를 위해서 그리고 굶주림에 허덕이는 백성들을 위해서 무엇을 어떻게 할 것인가를 고뇌하고 있건만, 조정에 있는 자들은 오직 권력에 눈이 어두워 등불에 심지가 다 타 들어가는 줄도 모르고 등불만 밝히라고 소리치는 어리석은 자들을 바라보면서 비통함을 감출수가 없었다.

온 조선이 당파싸움으로 양분되어 오직 권력의 투쟁만을 일삼는 상황에서 다산은 자신의 학문적 열정으로 안으로는 사회적 모순으로 썩어가는 조선을 구제하고, 밖으로부터 천주교 신앙과 서학이 전파되면서 새로운 사상과 기술과학의 발전에 대한 대안을 마련하고 있었던 것이다.

경학의 새로운 해석을 통해서 하늘을 두려워하는 인간, 개체의 자율성을 지닌 인간, 자연을 이용할 수 있는 인간이라는 인간관을 정립하면서 새로운 우주질서 속에서 인간관을 정립하였다.

주자가 말한 '인간과 만물 사이에 있는 성性과 도道의 근본이 같다.'는 것을 부정한 것이다. 즉 인간의 주체적 결단에 따르는 결과로 인간이 책임을 강조한 것이다.

이런 인간관을 바탕으로 피폐하고 굶주림에 시달리는 백성들이 인간으로서 대접받을 수 있어야 한다는 것을 설파한 것이다. 또한 인仁이란 사람과 사람과의 관계로 서로가 사람의 본분을 다하는 것이라고 하였다.

결국은 세상에 그 누구도 백성을 함부로 해서는 안 된다는 것을 선포한 것이다. 이처럼 다산은 유배 18년 동안 오직 나라와 백성을 위한 새로운 텃밭을 일구어가고 있었던 것이다. 그런데 같지 않은 자들이 해배가 되니 안 되니 하였으니 다산이 생각할수록 기가 막히는 일이었다.

다산은 18년 유배 생활의 위기를 기회로 삼아 600여 권의 저술을 통하여 유교 이념을 새롭게 해석하여, 이 시대의 모순을 극복하고 다음 시대로 열린 자세를 보여주었으며, 서양의 천문학을 통해서는 전통적 우주론을 흔들어 놓았다.

다산은 당시에 접할 수 있는 다양한 학문과 사상을 폭넓게 수용하고 자신의 실학사상으로 독창적으로 체계화함으로써 다산학이라는 새로운 학문적 성과를 거둘 수가 있었다.

〈다산 딸마을〉

:

06

하피첩에 담긴 가족사랑

결혼한 지 34년, 유배당한 지 8년, 다산이 강진읍내에서 8년을 보내고 다산초당에서 본격적으로 제자들과 학문적 연구에 몰입하고 있을 때이다.

처자식들도 잊고 이제는 어느 정도 현지에 적응하고 있을 무렵이다.

다산초당에서 제자들과 함께 공부하며 책을 저술하는 것으로 유배의 우울한 먹구름을 걷어내고 있었다. 이때 남양주의 아내가 시집올 때 입는 활옷으로써 붉은빛이 담황색으로 빛바랜 치마를 보내온 것이다. 다정한 행복을 약속했던 결혼식 때 입었던 노을 빛바랜 치마였다. 홍씨의 첫사랑의 징표인 결혼예복이었다.

다산은 빛바랜 치마를 바라보다 지나온 세월을 되새겨보며 아내의 사랑이 깃든 치마로 얼굴을 감싼다.

다산은 빛바랜 치마폭을 글쓰기에 알맞게 첩을 만들어 아이들의 상처가 됐을 자신의 부재를 걱정하며 사랑과 가르침을 담은 글을 써서 보낸다. 잊으려 해도 잊지 못할 시집올 때의 아내의 모습을 떠올리며 하피첩을 만들어 자식들을 위해 글을 써 보낸 것이다.

하피첩은 본래 4첩이었으나 3첩만 전해진다. 3첩 중 1첩은 박쥐 문양, 구름 문양이 그려진 푸른색 종이가 표지로 사용됐고 2첩은 미색의 표지를 갖고 있으나 3첩 모두 붉은색 면지로 되어 있다.

선비가 가져야 할 마음가짐, 남에게 베푸는 삶의 가치, 삶을 넉넉하게 만들고 가난을 구제하는 방법, 효와 우애의 가치 등을 담아 보낸 글이다. 폐족으로 자포자기 할까 봐 노심초사하는 아버지의 마음을 담아 보낸 간절한 글들이다. 그리고 붉은 치마 자투리를 남겼다가 매화가지에 두 마리 새를 그려 시집간 외동딸에게도 선물을 했다.

"매화병제도"로 풍성한 나무는 세상을 의미할 것이다. 그 풍성한 세상에서 두 마리의 새는 한 쌍의 부부로 외동딸의 행복한 결혼 생활을 기원하면서 그려 보낸 것이다. 외동딸은 강진의 제자 중 한 명인 윤창모와 혼인하여 강진에서 살고 있었다.

훨훨 새 한 마리 날아와

우리 뜰 매화나무에서 쉬네

진한 그 매화 향기에 끌려

반갑게 찾아왔네

이곳에 머물고 둥지 틀어

내 집안을 즐겁게 해주게나

꽃은 이미 활짝 피었으니

토실한 열매가 맺겠네

- 다산 매조도

이렇게 다산의 가족에 대한 애정과 사랑을 그린 하피첩은 다산의
후손에게 내려오다가 6·25전쟁 때 분실돼 행방을 찾지 못했다. 그러
다가 2004년 수원의 한 건물주가 폐지 줍는 할머니의 폐품 속에서 발
견하여 2006년 KBS TV 진품명품 프로그램에서 감정 결과 하피첩임
을 인정받았다.

그 후 하피첩은 부산저축은행 전 대표에게 넘어갔다가 2011년 부산
저축은행이 파산하면서 예금보험공사가 하피첩을 압류했다가 2015
년 9월 서울옥션 경매에 출품된 것을 국립민속박물관이 7억 5,000만
원에 낙찰받아 소장하고 있다.

유배지에서 가족을 그리워하는 다산도 범부나 다를 바 없었다.

"언제쯤 침방에서 아름다운 만남 가질까. 그리워 않노라, 그리워 않노라, 슬픈 꿈속의 그 얼굴"이란, 아내를 그리는 애절한 시와 딸, 자식들에 대한 애정이 지금도 치마폭에 서려 있다.

07

:

중(僧)도 가르친 다산

배우는 사람은 반드시 혜(慧)와 근(勤)과 적(寂) 세 가지를 갖추어
야만 성취함이 있다. 지혜롭지 않으면 굳센 것을 뚫지 못한다. 부지
런하지 않으면 힘을 쌓을 수가 없다. 고요하지 않으면 오로지 정밀
하게 하지 못한다. 이 세 가지가 학문을 하는 요체다.(學者必具慧勤
寂三者, 乃有成就. 不慧則無以鑽堅; 不勤則無以積力; 不寂則無以顓精. 此
三者, 爲學之要也.)

- 정민(2011), 다산의 재발견 재인용

이것은 다산이 승려 초의(草衣)에게 준 가르침이다. 다산은 참 대단
한 학자이면서 대인 관계에서도 남다른 탁월성을 보이고 있다. 그는

유배를 당해서도 다양한 분야의 사람들과 소통하며 교류를 통해서 글과 시를 나누었다. 뿐만 아니라 어떤 주제에 대해서는 편지를 통하여 토론도 하였다. 그중에 중(僧)들과의 교류를 통하여 남겨진 글과 시가 시간이 갈수록 많이 발굴되고 있다.

특히 한양대 정민 교수는 "다산의 재발견"이라는 책을 통하여 다산이 어떻게 조선 최고의 학술 그룹을 조직하고 운영했는가를 4년 넘게 몰입해온 다산 관련 자료를 통하여 밝히고 있다.

다산이 강진에서 유배 생활을 하는 동안 맨 처음 인연을 맺은 승려 제자는 아암 혜장이었다.

혜장은 만덕사(萬德寺)의 승려로서 30세에 대둔사『화엄경(華嚴經)』대법회에서 주맹(主盟)으로 활약할 정도로 교학에 해박하여 대둔사 12대 강사 가운데 1인으로 추앙받았던 인물이다.

다산과 혜장은 1805년 백련사에서 처음 만나『주역(周易)』에 대하여 밤새 토론한 이후, 두 사람은 의기투합하여 때로는 사제 간처럼, 때로는 아주 가까운 벗처럼 다정하게 지냈다.

혜장은 다산의 거처를 한동안 고성암으로 옮기게 해서 승려의 수발을 받으며 공부에 몰두할 수 있도록 배려해 주기도 하였다.

1808년 봄 다산이 초당으로 거처를 옮기자 두 사람의 왕래는 더욱 빈번해져 1811년 혜장이 술병에 걸려 40세의 젊은 나이에 세상을 뜨기까지 계속되었다.

다산은 이들 승려들에게 유교 경전을 공부하게 하고 시 창작을 독려하였다. 다산은 특히 초의를 가르치는 데 심혈을 기울여, 직접 찾아가기도 하고, 꾸짖기도 하였으며, 초당으로 부르거나 증언(贈言)과 서간 등을 통해서 다양한 방법으로 교육시켰다.

그 가운데 초의에게 준 가르침인 위학삼요(爲學三要)는 중(僧)으로 학문에 필요한 세 가지 덕목으로 혜(慧) · 근(勤) · 적(寂)의 가르침을 주고 있다. 표현도 중(僧)이라는 점을 고려하여 불가의 표현을 쓰고 있다.

첫 번째 덕목은 지혜로 찬견(鑽堅), 즉 나를 가로막는 굳센 장벽을 뚫어야 한다는 것이고, 두 번째는 근면으로 밥 먹고 숨 쉬듯 기복 없는 노력이 보태져야 힘이 비축된다는 것이다.

그리고 마지막으로 적(寂)이다. 공부에는 고요와 침묵으로 함축하는 시간이 필요하다는 것이다. 즉, 번잡한 외부로부터 나를 차단하는 적묵(寂默)의 시간과 공간이 필요하다는 내용을 전하고 있다.

이러한 다산의 초의에 대한 엄격하면서도 자상한 교육은 초의로 하여금 다산학을 수용하여 학사 대부들과 교유하였고, 대종사(大宗師)가 되어 조선 말기 불교계와 시단에 큰 족적을 남겼다.

이렇게 다산은 주변의 사람들과 교제하고 가르침을 주면서 자신 역시 모범을 보이며 생활을 하였다. 특히 유배지에서의 첫 거처인 사의재의 생활을 보내면서 다산은 "사의재기四宜齋記"를 통하여 자신의 각오를 다지기도 하였다. 즉 생각은 마땅히 담백해야 하고, 외모는 마땅히 장엄해야 하고, 말은 마땅히 적어야 하고, 행동은 마땅히 무거워야 한다면서 유배 초기 자신의 각오를 다지며 5년여 동안 그곳에서 보내게 된다. 그렇게 해서 지금도 그곳을 "사의재"라고 명명하여 오늘날 많은 사람들이 다산의 흔적을 찾고 있다.

뿐만 아니라 제자인 황상에게도 "삼근계(三勤戒)"의 가르침을 주었다. 그 삼근계는 "공부하는 자들이 갖고 있는 세 가지 병통을 너는 하나도 가지고 있지 않다. 첫째 기억력이 뛰어난 병통은 공부를 소홀히 하는 폐단을 낳고, 둘째 글 짓는 재주가 좋은 병통은 허황한 데 흐르는 폐단을 낳으며, 셋째 이해력이 빠른 병통은 거친 데 흐르는 폐단을 낳는다. 둔하지만 공부에 파고드는 자는 식견이 넓어지고, 막혔지만 잘 뚫는 자는 흐름이 거세지며, 미욱하지만 잘 닦는 자는 빛이 난다. 파고드는 방법은 무엇이냐. 근면함이다. 뚫는 방법은 무엇이냐. 근면함이다. 닦는 방법은 무엇이냐. 근면함이다. 그렇다면 근면함을 어떻게 지속하느냐. 마음가짐을 확고히 갖는 데 있다."라고 써 주면서 벽에 붙이고 마음을 다잡도록 하였다.

소년 제자는 스승이 써 준 이 글을 평생 어루만지며 살았다. 나중에는 종이가 누더기가 되어 이를 본 다산의 아들 정학연이 다산의 사후 1854년 성묘하러 온 황상에게 그 글을 다시 써주었을 정도로 제자 황상은 평생을 다산의 가르침 속에서 살았다.

다산은 또한 자식들에게도 편지를 통하여 가르침을 주었다. 그것은 다름 아닌 '근(勤)', '검(儉)'이다.

"나는 전원(田園)을 너희에게 남겨줄 수 있을 만한 벼슬은 하지 않았다만 오직 두 글자의 신부(神符)가 있어서 삶을 넉넉히 하고 가난을 구제할 수 있기에 이제 너희들에게 주노니 너희는 소홀히 여기지 마라. 한 글자는 '근(勤)'이요 또 한 글자는 '검(儉)'이다. 이 두 글자는 좋은 전답이나 비옥한 토지보다도 나은 것이니 일생 동안 수용(需用)해도 다 쓰지 못할 것이다."라며 내려준 자식들에 대한 훈육은 오늘날 우리 사회의 자녀 교육에도 많은 것을 생각하게 한다.

08

"애절양"을 다시 쓴 제자 사랑

다산의 제자 사랑에 대한 글을 쓰면서 스승과 제자에 대한 글을 찾다 보니 울릉도의 이경종 선생에 대한 글이 매우 마음을 안타깝게 한다.

이 선생은 당시 37세로 1976년 1월 17일 폭설이 내린 날 하늘 아래 첫 동네라는 울릉군 북면 천부에서 배를 타고 도동으로 향했다. 지금은 일주도로가 뚫렸지만 당시에는 읍으로 가려면 눈 쌓인 산길을 빼면 배가 유일한 교통이었다.

이날 오후 4시경 천부마을 선창으로 들어오던 6t 가량의 어선 만덕호에는 천부초교 6학년 대여섯 명을 포함해 주민 70여 명이 타고 있었다. 순간 큰 파도가 몰아쳤고 몇 번 파도에 부딪힌 나무배는 산산

조각이 났다.

이 교사는 대구사범학교에 다닐 때 수영선수로 활동했을 만큼 물에는 자신이 있었다. 혼자서는 얼마든지 빠져나올 수 있는 수영실력이 있었지만 차가운 물속에서 허우적거리며 아이들이 떠내려가던 절규가 귓전을 때렸다.

이 교사는 파도에 휩쓸린 남학생을 데려와 부서진 나무판자에 데려다 놓고 다시 바다로 헤엄쳤다. 또 다른 남학생을 구한 뒤 나무판자를 붙잡고 있도록 했다. 다시 학생을 구하러 간 그는 거친 파도 속으로 사라졌다.

나무판자를 필사적으로 붙들고 있던 학생 2명도 거센 파도를 견디지 못하고 물 속으로 사라져버렸다.

주민들은 발을 동동 구를 수밖에 없었다. 이 교사는 한 명이라도 더 구하자고 또 바다로 나갔다가 모두 목숨을 잃은 것이다. 이 교사와 아이들의 시신은 9일 만에 근처 바닷가에서 발견됐다.

이 교사가 근무했던 천부초등학교 운동장 옆에는 조그만 비석이 세워졌다. 부모형제와 떨어져 울릉도 어린이를 위해 몸을 바친 이 교사의 제자 사랑은 오늘날 우리들에게 많은 생각을 하게 한다.(동아일보, 2003. 06. 11)

다산의 제자 사랑 역시 글 속에서 찾아 볼 수가 있다. 강진에 유배

온 지 3년째 읍내 아전 자식들을 모아 가르치며 겨우 유배의 시름을 달래고 있었다.

다행히 제자들이 학문에 열심을 다하여 다산은 정성을 다해 각각의 개성에 맞도록 가르치게 되었다. 그중에 황상이라는 제자가 어느 날 시 한 수를 가져 왔다. 다산이 시를 보니 강진에서 벌어진 처참한 실상을 보고 시로 지은 것이다.

황상은 강진현 아전의 아들이었다. 시의 내용을 보니 이것은 보통의 폭로 시가 아니었다. 세상에 나가면 아전의 아들이 아전의 비리를 폭로하게 되었을 경우 제자는 물론 집안이 모두 어떻게 될 것이라는 것은 불을 보듯 뻔하였다.

다산은 이 모든 것을 알지 못하는 제자에게 "이 시는 절대로 남에게 보여 주면 안 된다."라며 세상에 알리지 못하게 하였다. 그러면서 다산은 제자의 시를 보면서 너무나 안타까운 심정으로 다시 "애절양"의 시를 쓰게 되었다. 그동안 관료 시절 암행어사와 황해도 곡산 부사로 있을 때 많은 처참한 상황을 보긴 했어도 이렇게 처참한 상황은 처음이었다.

처절한 심정으로 다산은 한 구절 한 구절 써 내려가며 아전들의 가혹함과 관청에서 하는 짓거리에 대한 분통을 삭히고 있었다.

세금을 내지 않았다고 전 재산인 외양간의 소를 끌어가고 남정네 자식 낳은 것이 죄라며 자신의 생식기를 자르니 안방에 있던 부인은 핏덩이를 들고 관청으로 달려가 호소하는 장면은 생각만 해도 치가 떨린다.

"부잣집은 1년 내내 풍악소리 내고, 곡식 한 톨 비단 한 치 내는 법 없다. 다 같은 백성인데 어찌하여 이리도 가혹하단 말인가."라며 공평하고 균등하게 사람을 대했던 군자의 아름다운 이야기만 외우고 있다는 시이다. 극도로 문란해져서 민생은 도탄에 빠지고 백성들은 굶주림에 허덕이고 있는 조선의 현실에 대한 다산의 마음은 어디다 둘 곳이 없었다. 이렇게 애처로운 사연이 깃든 "애절양"의 시가 두 편인 것은 다산의 속 깊은 제자 사랑의 결과가 아닌가 싶다.

노전마을 젊은 아낙 그칠 줄 모르는 통곡소리

蘆田少婦哭聲長

현문을 향해 가며 하늘에 울부짖길

哭向縣門號穹蒼

쌈터에 간 지아비가 못 돌아오는 수는 있어도

夫征不復尙可有

남자가 그걸 자른 건 들어본 일이 없다네

自古未聞男絶陽

시아버지는 삼상 나고 애는 아직 물도 안 말랐는데

舅喪已縞兒未澡

조자손 삼대가 다 군보에 실리다니

三代名簽在軍保

가서 아무리 호소해도 문지기는 호랑이요

薄言往愬虎守閽

이정은 으르렁대며 마구간 소 몰아가고

里正咆哮牛去皁

칼을 갈아 방에 들자 자리에는 피가 가득

磨刀入房血滿席

자식 낳아 군액 당한 것 한스러워 그랬다네

自恨生兒遭窘厄

무슨 죄가 있어서 잠실음형 당했던가

蠶室淫刑豈有辜

민땅 자식들 거세한 것 그도 역시 슬픈 일인데

閩囝去勢良亦慽

자식 낳고 또 낳음은 하늘이 정한 이치기에

生生之理天所予

하늘 닮아 아들 되고 땅 닮아 딸이 되지

乾道成男坤道女

불깐 말 불깐 돼지 그도 서럽다 할 것인데

騸馬豶豕猶云悲

대 이어갈 생민들이야 말을 더해 뭣 하리오

況乃生民恩繼序

부호들은 일 년 내내 풍류나 즐기면서

豪家終歲奏管弦

낟알 한 톨 비단 한 치 바치는 일 없는데

粒米寸帛無所捐

똑같은 백성 두고 왜 그리도 차별일까

均吾赤子何厚薄

객창에서 거듭거듭 시구편을 외워보네

客窓重誦鳲鳩篇

- 다산시문집 제4권 / 시(詩)

〈황상의 고문헌집 '치원총서(卮園叢書)'〉

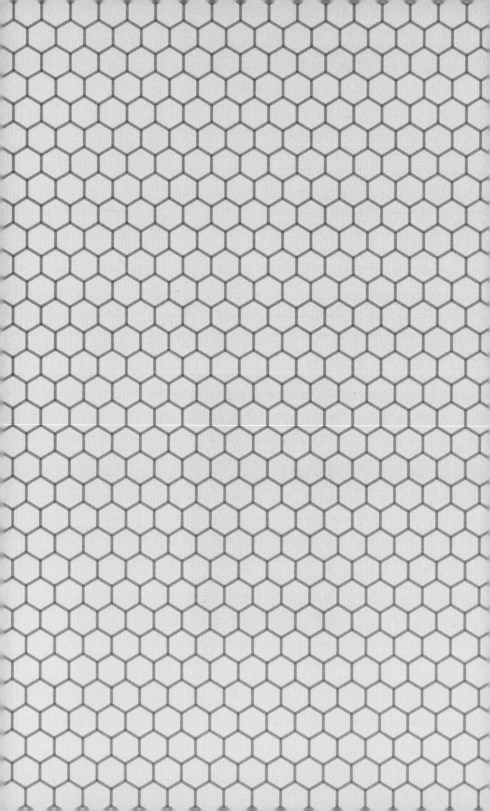

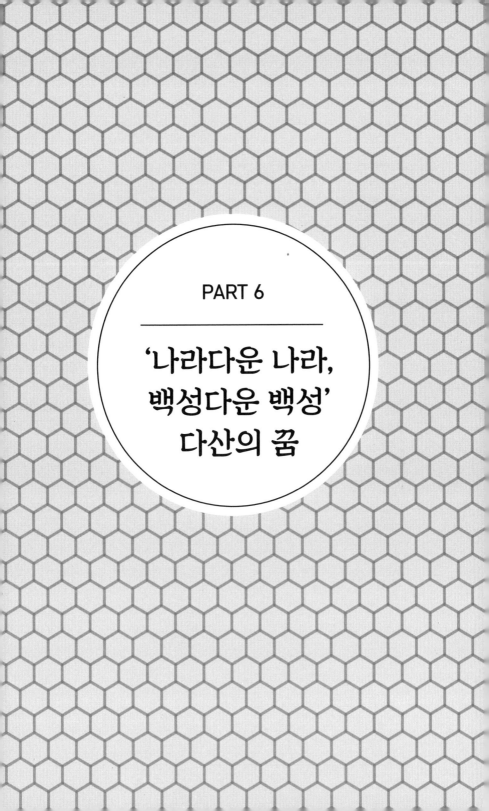

PART 6

'나라다운 나라,
백성다운 백성'
다산의 꿈

01

충신과 효자의 입장에서 원망은 충정

다산은 아무리 자신이 유배를 당하여 폐족이 되고 기약 없는 삶의 여정이라 할지라도 이제까지 살아온 자신의 삶을 하루아침에 포기할 수는 없었다. 뿐만 아니라 유배를 벗어나기 위해서 온갖 수단과 방법을 강구한다는 것은 용납이 안 되었다.

오직 부친인 정재원과 임금 정조, 그리고 둘째 형으로부터 또한 많은 친구들과의 교류를 통하여 배우고 습득한 학문적 지식을 배경으로 불안과 공포의 유배 생활을 견디어 내는 것만이 다산이 할 수 있는 유일한 방안이었다.

이러한 다산의 심경을 이해할 수 있는 배경은 그가 쓴 '원원(原怨)'을 살펴보면 알 수가 있다.

"원망이란 상대의 입장을 이해한 나머지 성인으로서도 인정한 사실이고, 충신이나 효자의 입장에서는 자기 충정을 나타내는 길이다. 그러므로 원망을 설명할 수 있는 자라야 비로소 시(詩)를 말할 수 있고, 원망에 대한 의의를 아는 자라야 비로소 충효에 대한 감정을 설명할 수 있다. 가령 재물을 좋아하고 제 처자만 사랑하여 안에서 비난을 일삼는 자이거나, 또는 재능도 없고 덕도 없어서 청명한 세상에 버림받고 조잘조잘 윗사람 헐뜯기나 좋아하는 자이면 그것은 거스르는 일을 일삼는 일이니 거론할 필요나 있겠는가."

이처럼 다산은 유배 생활을, 비난을 일삼으며, 재능도 없고 덕도 없는 사람처럼 청명한 세상에 버림받고 조잘조잘 윗사람 헐뜯기나 좋아하는 자로서 지낸다는 것이 얼마나 헛된 일인가 알고 있었다. 아무리 외롭고 고통스럽더라도 지조를 잃지 않겠다는 신념을 바탕으로 유배 생활을 운명으로 받아들여 오직 손닿은 곳에서 무엇을 할 것인가를 생각했다.

우선은 자신의 마음을 추스르는 일, 그리고 못다 한 책을 읽고 저술하는 일, 또 폐족으로 실의에 빠진 자식들을 어떻게 하면 소망을 갖고 집안을 일으킬 수 있도록 할 것인가를 걱정하였다.

먼저 자신의 마음을 추스르기 위하여 첫 거처인 주막집에서 생각은 담백하게, 외모는 장엄하게, 언어는 과묵하게, 그리고 행동은 신중하게 하자며 스스로를 다스리고자 사의재라 이름을 붙였다. 그리고 학문적 연구에 몰입하여 자찬묘지명에 232권의 경집을 저술하였다고 적고 있다.

자찬묘지명에 다산이 강진으로 유배되어 가서 생각하기를 '소싯적에는 학문에 뜻을 두었으나 20년 동안 세상길로 빠져 다시 선왕의 대도가 있는 줄을 알지 못하였는데 지금 여가를 얻게 되었다.' 하고 드디어 흔연히 스스로 경하하였다. 그리하여 육경과 사서를 가져다가 조용히 탐구하고, 한위(漢魏) 이래로 명청(明淸)에 이르기까지의 모든 유학자들의 학설로 경전 보완에 유익한 것들을 널리 수집하고 두루 고증하여 오류를 정하고 취사하여 일가(一家)의 서(書)를 갖추었다.

그리고 다산은 자식들에게 폐족 집안이라는 오명을 벗어나는 길은 오직 독서와 학문하는 길밖에 없다며 수많은 편지를 통하여 아버지의 마음을 전달하고 있다. 다산의 편지 중 하나를 보면 얼마나 간절히 자식들에 대하여 걱정하고 있는지를 알 수 있다.

"폐족의 처지를 잘 대처한다 함은 무엇을 두고 하는 말인가. 그것은 오직 독서하는 것 한 가지뿐이다. 이 독서야말로 인간의 제일가는 깨끗한 일로써, 호사스러운 부호가의 자제는 그 맛을 알 수 없고 또한 궁벽한 시골의 수재들도 그 오묘한 이치를 알 수 없다. 오직 벼슬아치 집안의 자제로서 어려서부터 듣고 본 바가 있고 중년에 재난을 만나 너희들 처지와 같은 자라야 비로소 독서를 할 수 있는 것이다. 이는 저들이 독서를 하지 못한다는 것이 아니라, 뜻도 모르고 그냥 읽기만 하는 것은 독서라고 이름 할 수 없기 때문이다."

다산은 결코 분노와 원망으로 유배 생활을 보내지 않고 자신의 처지를 수용하면서 결코 헛된 세월을 보내지 않고 다산학이라는 학문적 위업을 남겼다. 비난과 비방은 물론 정신적으로 피폐해진 오늘의 세태를 보면서 200여 년 다산의 수기치인후 치국평천하라는 신념이 다시금 되새겨야 할 교훈이 아닌가 싶다.

02

:

감정과 분노 속에서 깨달음

다산은 정조의 죽음과 신유사옥으로 종지부가 찍혀 하루아침에 궁궐에서 주막집 골방신세가 되었다. 삼 형제 중에 큰형은 참수되고 두 형제는 유배되어 집안이 완전히 파탄이 났다. 이때부터 18년의 유배 생활이 시작되어 57세에 고향으로 돌아가 75세에 생을 마치게 될 때까지 반대파들이 어떻게든지 다산을 없애려고 집요하게 물고 늘어졌다. 다산은 언제나 천주교가 빌미가 되어 항상 생명의 위협을 받고 있었다.

비록 유배는 왔지만 다산은 저술 활동을 통해서 자신의 억울함과 분노를 승화시켜 가야겠다는 마음으로 자식들에게 너희들이 끝내 배우지 않으면 누가 봐주고 누가 보존할 수 있겠느냐며 재촉했다. 그러면서 아들들에게 쓴 편지에서 유배 생활의 괴롭고 분통의 생활 속에서도 독서를 하루도 거르는 일이 없었다고 이야기하면서 오히려 곤궁한 가운데서 비로소 경서의 정확한 뜻을 양파 껍질 벗기듯이 알 수가 있다며 학문에 대한 깨달음의 기쁨을 이야기하고 있다.

내가 예서를 공부하는 데는 아무리 곤욕스럽고 괴로운 처지에 있을지라도 하루도 중단치 않았다. 의리(義理)에 대해서는 마치 파의 껍질을 벗기는 것과 같다. (중략).

마융과 정현은 비록 유학자라고는 하나, 권력이 막중하여 밖으로는 제자들과 더불어 학문을 강론하면서 안에서는 음악과 기생을 두어 즐겼다. 그 화려하고 사치스러움이 이와 같았으니, 당연히 경전을 연구함이 정밀하지 못했을 것이다. 그 뒤에 공안국과 가규 등 여러 사람도 모두 유림의 고수였으나 심기가 정밀하지 못하였으므로 의논한 바가 대부분 밝지 못하였으니, 비로소 곤궁한 뒤에야 글을 쓸 수가 있다는 것을 알게 되었다.

다산은 온전히 새로운 세상에서 새로운 학문의 세계를 맞이하고 있다는 기분으로 이야기하고 있다. 그전에 읽었어도 건성으로 읽었는데 이렇게 유배살이를 하면서 분통과 억울함과 괴로움 속에서 글을 읽다 보니 보이지 않던 책 속의 글이 어떤 의미인가를 보다 확실히 알 수가 있다는 깨달음을 이야기한다.

다산은 손닿는 곳에서 진정으로 느끼며 새로운 학문적 열정으로 유배의 분노와 울분을 승화시키고 있었다.

이렇게 유배 생활의 모범적인 모습을 통해서 자식들에게 지금이야말로 참으로 독서를 할 때라며 당부하고 있다.

다산은 절대적으로 집안을 살려야 한다며 그 길은 바로 독서하는 것이라고 자식들에게 간절히 당부한다. 처절한 자신의 감정과 분노의 깨달음과 경험을 통해서 자식들이 절대로 폐족이라며 포기하지 않도록 지속적으로 서신을 통하여 그리고 직접 가르침을 통하여 아들들을 가르친다.

폐족(廢族)이 되어 학문을 힘쓰지 않는다면 더욱 가증스럽지 않겠느냐. 다른 사람들이 천시하고 세상에서 비루하게 여기는 것도 슬픈데, 지금 너희들은 스스로 자신을 천시하고 비루하게 여기고 있으니, 이는 너희들 스스로가 비통함을 만들고 있는 것이다. 너희들이 끝내 배우지 않고 스스로 포기해 버린다면, 내가 지은 저술과 간추려 뽑아 놓은 것들을 장차 누가 모아서 책을 엮고 바로잡아 보존시키겠느냐.

- 두 아들에게 부침 임술(1802년 12월) 강진의 유배지에서 /다산시문집 제21권

다산은 인간의 행위 가운데 가장 깨끗한 행위가 독서라며 자식들이 자포자기하지 않고 독서를 하도록 독촉했다. 비록 고난을 당하고 있지만 여러 가지 견문을 하고 청년기에 재난을 당한 사람이야말로 참된 독서가 가능하다고 했다.

다산은 자식들에게 위기가 기회라는 것을 강조하면서 유배지에서 자신의 환경을 새로운 기회로 승화시켜 가고 있었다. 그러면서 자식들에게 독서야말로 아버지를 살리는 길이라며 독촉한다. 왜냐하면 자신의 글을 자식들이 읽어주지 않으면 무용지물이 될 것이고 이 세상에 전해지지도 않을 것이라며 간접적으로 압박하면서 독서를 하게 한다.

다산은 역경 속의 독서가 그 어떤 진주보다 귀하다며 자식들에게 독서를 권하며 스스로가 위기를 새로운 기회로 승화시켜 학문적 위업을 달성한 위대한 실학자였다.

눈앞에 당장 나타나는 결과만으로 판단하는 조급증에서 벗어나 이제는 서로가 위로하며 인정하는 사람다운 세상을 만들어 가는 것이 다산이 꿈꾼 세상이라 생각한다.

:

03

조정은 백성의 심장, 조정의 사지는 백성

조정은 백성의 심장이고 백성은 조정의 사지이니,

힘줄과 경락(經絡)의 연결과 혈맥의 유통은

순간의 막힘이나 끊김도 있어서는 안 됩니다.

- 김공후에게 보냄 /文集 卷十九

예나 지금이나 마찬가지로 중앙관청이 나라의 백년대계를 세워서 추진하고 백성들의 삶을 책임지고 있으니 조정이 백성들의 심장이 아닐 수가 없다. 그래서 그 중심에 있는 자들이 올곧지 않으면 모든 것이 막혀서 통하지 않는다는 이야기이다.

오늘날 상황이라고 어디 다르지 않다. 대통령이 백성이 아닌 자신의 치적을 내세우고 또 자신의 권위만을 내세우면서 백성이 중심에서 멀어지면서 다산이 이야기한 대로 나라는 엉망이 되고 죄 없는 백성이 그 대가를 치르게 된다.

그저 묵묵히 일상생활을 통해서 조그마한 행복을 추구하는 일반 서민들의 삶은 아무 일 없는 것처럼 건강하게 심장이 뛰고 있으면 그만이다. 하지만 갑자기 심부전증이 있듯이 가슴이 두근거리고 숨이 고르지 않다면 백성들의 삶은 고통이다. 이런 줄도 모르고 산과 물로 가서 밤낮을 가리지 않고 마시고 떠들며 즐기고 있으니 어찌 앞으로 닥칠 불행을 슬퍼하느냐며 한숨 짓는 다산의 모습이 눈에 선하다

다산 선생이 다산초당에서 꿈꾼 세상인 "나라다운 나라, 백성다운 백성"은 오늘에 되새겨 봐도 너무나 앞서간 선각자다운 생각이었다. 당파로 물들어 찌들대로 찌들은 조선의 개혁을 위해서 유배 중에 쓴 조선의 개혁서인 경세유표 속에서 다산은 얼마나 상세하게 조선의 현실을 파악하고 있는지 볼 수가 있다. 과연 오늘날 우리나라의 미래를 위해서 이렇게 해박한 지식과 실천적 경험을 바탕으로 한 개혁서를 쓸 만한 인재는 어디에 있는지 우리가 찾아야 할 인재상이다.

다행히 대한민국은 새로운 시대를 맞이하여 정치적 소용돌이가 치고 있다. 이전 것과 새로운 것의 조화를 위한 치열한 내적인 진통이라고 생각한다. 이것은 어찌 보면 거쳐야 할 과정이기도 하다. 어느 날 갑

자기 온전히 한쪽으로 기울어진다는 것도, 과거에 대한 전면적인 부정으로 바라보는 것도 바람직한 것만은 아니다. 거를 것은 거르고 버릴 것은 버리는 지혜가 필요하다

이런 측면에서 금장태 교수가 이야기한 다산사상의 3가지가 우리에게 필요한 지혜라고 생각한다.

그 첫째 지혜는 외국 문물과 전통문화의 종합을 통한 창조적 사유로써 새로운 외래 문물을 적극적으로 수용하면서 전통문화에 내재한 보편적 정신을 그 시대에 적합하게 재창조하는 일은 민족문화의 주체성을 확립하는 길이요 그만큼 다산 사상은 문화적 주체성을 확립해야 한다는 우리 시대의 당면과제에 대한 중요한 모범을 보여 주고 있다는 지혜이다.

둘째는 물질적 경제생활과 정신적 도덕 문화의 조화를 통한 균형 있는 가치관으로 우리 시대는 경제적 빈곤을 극복하고 생산과 기술을 개발해서 놀라운 성과를 이루었지만 동시에 욕구의 절제를 잃고 예법과 공공의식이 혼돈에 빠졌으며 사회 전반적으로 도덕적 붕괴가 심각하게 일어나고 있다.

이러한 현실에서 절실한 당면과제는 어떻게 경제적 발전을 유지하면서 품위 있는 도덕적 가치관을 우리 사회에 확보할 수 있는가의 문제가 아닐 수 없다. 도덕과 경제가 어느 한쪽만 선택할 수 있는 것이

아니라면 양자의 균형 있는 실현이 필수적으로 도덕과 말단 경제가 두 가지 일로써 선후를 나눌 수 있는 것이 아니라 두 가지가 상호 보완적 역할을 하는 것으로 어느 한쪽을 처리하면 다른 한쪽도 제대로 실현될 수 없다는 지혜이다.

셋째 인간관계 결합에 기반한 사회질서의 이상으로 다산은 인간관계를 지탱하는 도덕적 가치로써 효제(孝弟)의 인간에 대한 사랑과 남을 섬기는 서(恕)의 실천을 강조하였다.

근대 이후 개인주의가 중시되면서 가족적 유대나 사회공동체의 결속이 약화되고 개인이나 집단의 이익이 강조되면서 사회 내의 갈등이 심화되고 있는 것은 주지의 사실이다. 바로 이런 현실에서 다산 사상은 우리가 실현해야 할 바람직한 사회적 통합 원리에 대한 중요한 지침을 우리에게 제공해 주고 있다는 것이 다산의 세 번째 지혜이다.

이러한 지혜를 바탕으로 21세기 새로운 대한민국은 물론 다산이 꿈꾼 세상을 위하여 우선은 사회 모든 분야에 걸친 상호 소통과 이해가 전제되어야 한다. 복잡 다양한 생태계를 통합하고 각 분야에 민, 관, 학이 공동의 인식을 바탕으로 한 국민 중심의 새로운 협력적이고 유연한 구조의 개혁이 필요하다. 그리고 이를 위한 세계시민교육이 절실하다. 다산은 기예론에서 "아무리 성인(聖人)이라 하더라도 천 명이

나 만 명의 사람이 함께 의논한 것을 당해낼 수 없고, 아무리 성인이라 하더라도 하루아침에 그 아름다운 덕(德)을 모조리 갖출 수는 없는 것이다."라고 하였다.

경제적, 사회적, 정치적 시스템 개혁이 더더욱 절실하다. 제4차 산업혁명 시대에 적응할 수 있는 체계적인 혁신이 그 어느 때보다 절실하다.

다산이 말한 것처럼 "개혁하지 못하면 망한다."는 것을 되새겨야 할 때다.

04

샘솟는 용기

　용이 해상(海上 강진을 말함)으로 유배되어 가서 생각하기를 '소싯적에는 학문에 뜻을 두었으나 20년 동안 세로(世路)에 빠져 다시 선왕(先王)의 대도(大道)가 있는 줄을 알지 못하였는데 지금 여가를 얻게 되었다.' 하고 드디어 흔연히 스스로 경하하였다.

　그리하여 육경(六經)과 사서(四書)를 가져다가 침잠(沈潛)하여 탐구하고, 한위(漢魏) 이래로 명청(明淸)에 이르기까지의 모든 유자(儒者)의 학설로 경전(經典)에 보익이 될 만한 것은 널리 수집하고 두루 고증하여 오류를 정하고 취사(取捨)하여 일가(一家)의 서(書)를 갖추었다.

- 자찬묘지명

다산은 천주교를 알게 되면서 새로운 세계가 있다는 것과 서학을 통해서 세계적으로 조선이 너무나 우물 안 개구리라는 생각을 하게 되었던 것 같다. 그리하여 다산은 주변의 가족은 물론 가까운 친구들까지도 함께 천주교와 서학을 공부하게 되었다.

그 당시 조선은 안으로는 누적된 사회적 내부 모순이 극심하게 드러나고 이를 극복하기 위해 여러 가지 대책이 모색되었던 시기요, 밖으로부터 서양문물이 전래되고 천주교 신앙이 전파되면서 조선사회의 전통체제를 근본적으로 동요시키는 외세의 영향이 가중되어 오던 시기였다.

정치경제적으로 국가기강의 해이와 관료의 착취로 민생이 도탄에 빠진 현실, 종교적 환경으로써 유교적 신념과 천주교 신앙의 갈등 현상 및 학문적 분위기로써 다양한 학풍과 이론이 표출되는 사상적 다원화 현상이 제기되고 있던 때였다.

이러한 가운데 다산은 문과에 급제하여 정조대왕의 지극한 사랑을 받으며 벼슬살이를 하였다. 그러면서 암행어사로, 곡산부사로, 금정찰방으로 관직을 통해서 미세의 현장도 살필 수 있는 기회도 갖게 되었다. 하지만 당파싸움으로 치열했던 당시 다산이 접했던 천주교는 조선의 국법에 어긋나는 종교였고, 사교(邪敎)라고 매도당하여 책롱사건과 관련하여 첫 번째로 포항 장기곳으로 유배를 당하였다. 하지만 1년도 안 되어 황사영 사건과 관련하여 또다시 유배지에서 불려와 심문을 당하지만 뚜렷한 증거가 없자 다시 강진으로 유배를 당하게 된다. 다산은 이곳 강진에서 18년이라는 긴 세월을 유배살이 한다.

궁궐 고위 관료에서 하루아침에 중죄인이 되어 열흘 넘는 시간을 두고 강진에 왔건만 어느 누구 반겨줄 사람은 아무도 없었다. 오히려 행여나 자기 집에 들어올까 도망가는 사람들이 대부분이었다고 회상하고 있다.

생각하면 죽어도 몇 번 죽을 비참한 현실을 다산은 용기 있게 자신의 모습을 있는 그대로 수용하고 손닿는 곳에서 살아나갈 방안을 찾았다. 그것이 바로 읍내 제자들의 교육이었다.

다산을 알아본 주모가 읍내 아전들의 자식들을 모아 줄 테니 공부를 시켜보라는 이야기에서 시작된 제자들의 교육은 훗날 조선의 학문과 예술의 천재인 김정희가 제주도에 유배 갔다가 돌아가는 길에 그를 만나러 올 만큼 훌륭한 제자 1호 황상을 배출하였다.

황상은 다산의 읍내 제자로 평생을 다산의 가름침대로 살다 간 제자 중의 제자였다.

황상은 1836년 2월 22일 다산의 회혼연을 계기로 한번 본 것이 마지막이 되었다. 회혼식을 올리고 바로 죽음을 맞이한 다산의 소식을 들은 황상은 다시 다산의 고향으로 돌아가 끝까지 장례를 치르고 상복을 입고 강진으로 돌아왔다. 이렇게 훌륭한 제자를 둔 것도 다산의 용기 있는 학문적 열정이 있었기에 가능했다. 모든 것을 잃고 더 이상 살아갈 수 없다며 자포자기했다면 다산의 앞날은 굳이 헤아리지 않아도 알 수 있는 길이었을 것이다. 하지만 다산의 용기는 우리에게 많은 것을 시사하고 있다.

"사람은 한때의 재해를 당했다 하여 청운(靑雲)의 뜻을 꺾어서는 안 된다. 사나이 가슴속에는 항상 가을 매가 하늘로 치솟아 오르는 듯한 기상을 품고서 천지를 조그마하게 보고 우주도 가볍게 손으로 요리할 수 있다는 생각을 지녀야 옳다."

다산의 용기는 무엇보다 삶의 나락에서도 도저히 살아갈 수 없을 것만 같은 상황에서도 살아 있었음을 보여주는 것이다. 다산의 600여 권의 저술이 그 자체가 살아 있었다는 증거이다. 다산의 그러한 열정과 용기는 어디서 나왔을까.

다시 한번 다산의 저술을 통해서 우리 모두가 살펴봐야 할 지혜가 아닌가 싶다. 매천 황현은 '천주학쟁이로 내몰려 틈만 나면 사약을 내려 죽일 궁리를 하고 있는 반대파들의 핍박 속에서도 동양에서 이런 학문은 이전에도 없었고, 앞으로도 없을 것이다.'라고 하였고, 위당 정인보는 '다산 선생 한 사람에 대한 연구는 곧 조선사의 연구요, 조선 근세사상의 연구요, 조선 심혼의 명예 내지 온 조선의 성쇠존멸에 대한 연구이다.'라고 하였으며, 시인 김남주는 '다산은 조선의 자랑, 한 시대의 거봉, 조국의 별'이라고 할 만큼 다산은 우리에게 너무나 위대한 스승이다.

OECD 자살률 1위의 오명을 갖고 살아가는 오늘의 대한민국을 되돌아보면서 한 인간이 처절하게 삶의 나락으로 떨어졌어도 어떻게 살아왔는가를 되돌아보면서 새로운 희망으로 이제는 미래의 가치가 나의 가치가 될 수 있도록 가치 있는 삶을 살아가는 용기가 절실한 때이다.

:

05

220년 전의 공정분배

어떤 사람이 있어 그의 밭 100마지기(1마지기=200평)가 있었고, 그의 아들은 10인(人)이었다. 그의 아들 1인은 밭 30마지기 얻고, 2인은 20마지기를 얻고, 3인은 10마지기를 얻고 나니 나머지 4인은 밭을 얻지 못하였다. 그래서 그들이 부르짖어 울고 이리저리 굴러다니다가 길바닥에서 굶어 죽는다면 그들의 부모 된 사람이 부모 노릇을 잘한 것일까?

하늘이 이 백성을 내어 그들을 위해 먼저 전지(田地)를 두어서 그들로 하여금 먹고 살게 하고, 또 그들을 위해 군주(君主)를 세우고 목민관(牧民官)을 세워서 군주와 목민관으로 하여금 백성의 부모가 되게 하여, 그 산업(産業)을 골고루 마련해서 다 함께 살도록 하였다. 그런데도 군주와 목민관이 된 사람은 그 여러 자식들이 서로 치고 빼앗아 남의 것을 강탈해서 제 것으로 만들곤 하는 것을, 팔짱을 낀 채 눈여겨보고서도 이를 금지시키지 못하여 강한 자는 더 차지하고 약한 자는 떠밀려서 땅에 넘어져 죽도록 한다면, 그 군주와 목민관이 된 사람은 과연 군주와 목민관 노릇을 잘한 것일까?

- 전론(田論) 1 / 다산시문집 제11권 / 논(論)

220년 전 다산 정약용의 농지개혁에 대한 전론(田論)에 관한 글이다. 농사가 생업의 전부였고, 국가 재정 역시 농업이 주 수입원이었던 시절이다. 하지만 다산이 곡산부사 시절과 암행어사 시절은 물론 강진 유배지에서 현실을 보아도 농지의 개혁 없이는 백성도 나라도 살길이 없다는 것을 실감하면서 국가개혁으로써 농지 개혁의 절실함을 전론에서 밝히고 있다.

비록 220년 전에 쓴 글이지만 그 산업(産業)을 골고루 마련해서 다 함께 살도록 주장한 것은 획기적인 개혁안이다. 지금의 현실과 비교해봐도 재원의 바탕만 다를 뿐 다른 것이 아무것도 없다.

오늘날 백성과 나라의 경제는 농업이 아닌 다양한 분야에서 창출되고 있다. 그만큼 소득의 창출분야가 다양화되었다. 그런 다양화된 분야에서 백성들은 소득을 창출하고 있다. 그만큼 다양한 기술과 역량도 필요하다. 하지만 백성들 모두가 다양한 기술과 역량을 다 가질 수는 없기에 그로 인한 소득의 격차는 조선시대 밭뙈기의 불공정 못지 않게 벌어지고 있다. 그래서 사회적 갈등으로 비화되고 있는 현실을 보면 예나 지금이나 정책을 다루고 집행하는 목민관들의 역할과 사명이 얼마나 소중한가를 알 수가 있다.

사실 그동안 소득재분배 시장의 효율성과 경제성장을 희생시켜야만 얻을 수 있는 도덕적 가치라는 인식이 대세였다. 그러나 그러한 인식에도 큰 변화가 생겨 경제 자원이 소수의 권력층에 집중되는 것을 방지하는 제도를 구축해야 국민의 인적자본과 창의력이 최대로 활용되어 높은 성장을 달성할 수 있다는 '포용적 성장론'이 나왔다. 또한 균형 있는 소득분배와 공공지출 확대가 성장 친화적 효과를 가져온다는 실증 연구가 발표되었고, IMF와 OECD 같은 권위 있는 국제기구가 이러한 연구를 수용함으로써 포용적 성장론이 힘을 얻고 있다.

220년 전 다산이 피폐한 나라의 재정을 극복하고 백성들의 굶주림의 피폐한 삶을 개선하려고 한 농지개혁인 전론은 오늘날 우리들에게 시사하는 바가 크다고 본다. 문제는 '균형된 소득분배를 어떻게 달성하는가'이다.

제4차 산업혁명시대의 도래와 더불어 사회적 새로운 가치로 소유보다는 공유가 사회 전체의 행복을 증대시킨다는 것을 인식하고 있다. 공유가치는 과도했던 소유 욕망을 조절하게 하는 21세기의 엄청난 발명품이라고 한다. 이제 4차 산업혁명의 다양한 기기와 서비스는 공유 경제로 사회 전반에 폭넓게 전파될 것이다.

4차 산업혁명은 사람의 일자리를 기계에게 넘겨주면서 새로운 사회 문화를 형성하게 될 것이다. 그만큼 우리들은 다양한 영역에 새로운 공유의 가치를 전파함으로써 새로운 사회문화를 구축해 가야 한다. 이러한 과정 속에서 사회적 갈등을 어떻게 해결할 것인가가 또 다른 숙제이다.

:

06

어찌 엉성한 짓이 아니겠는가

예나 지금이나 어찌 이리도 같은지 다시 한번 우리의 주면을 살펴본다.

200여 년 전 다산은 세상이 변해도 너무 변해버려 폐망의 길로 들어서 나라는 나라대로 백성은 백성대로 어느 것 하나 성한 것이 없다고 하였다. 그래서 털끝 하나 부패하지 않은 것이 없다며 개혁하지 않으면 나라가 망한다고 하여 국가 개혁서인 경세유표를 저술하였다.

자신이 배운 학문적 세계와 견주어 보니 너무나 한심한 세상이었다. 실천은 없고 말과 생각으로 논쟁만 일삼는 성리학, 자구만 따지는 훈고학, 도는 등한시한 채 감성에만 호소하는 문장학, 실제 능력보다는 답안지 꾸미는 능력만 기르는 과거학, 혹세무민하는 술수학 등을 꼬

집으면서 오학론을 제기하였다. 그야말로 학문의 세계를 들여다보면서 한심하기 짝이 없었던 것이다.

저마다 하나의 주장을 내세워 파벌을 만들어 한 세대가 끝나도록 시비(是非)를 가리지도 못하면서 대대로 전해가면서도 학파들끼리 서로 원망만 하였다. 그러면서 자기들의 주장에 찬동하는 사람은 존대하고 반대하는 사람은 천시하며, 의견을 같이하는 사람은 떠받들고 달리하는 사람은 공격하였다.

다산은 이에 스스로 자신의 주장이 지극히 올바른 것이라 여기고 있으니, 어찌 엉성한 짓이 아니겠냐며 세상을 한탄하였다.

성리학(性理學)은 도(道)를 알고 자신을 알아서 올바른 도리를 실천하는 데 그 의의가 있는 것이다. 《역경(易經)》의 대전(大傳)에는, "사물의 이치와 인간의 본성을 끝까지 궁구하여 천도(天道)와 합치되게 한다." 하였고, 《중용(中庸)》에는 "자신이 부여받은 본성(本性)을 다 알면 남의 본성도 다 알 수 있음은 물론 만물(萬物)의 본성까지도 다 알 수 있다." 하였다.

《맹자(孟子)》에는 "마음을 다 아는 사람은 본성을 알게 된다. 본성을 알게 되면 천도를 알 수 있는 것이다."라고 하였으니, 성리학이 여기에 근본한 것이다.

그러나 옛날의 학자들은, 인간의 본성은 하늘에 근본하였고 사물의 이치는 하늘에서 나왔고 인륜(人倫)이 달도(達道)라는 것을 알아, 효제(孝弟)와 충신(忠信)을 천리(天理)를 봉행하는 근본으로 삼고, 예악(禮樂)과 형정(刑政)을 사람을 다스리는 도구로 삼으며, 성의(誠意)와 정심(正心)을 하늘과 사람이 접할 수 있는 관건(關鍵)으로 삼았다. 이것을 총괄하여 인(仁)이라 명명하였다. 이를 시행하는 방법을 서(恕)라 하였고 시행하는 것을 경(敬)이라 하였으며 스스로 지녀야 할 것을 중화(中和)의 용(庸)이라 하였다. 이렇게만 말하였을 뿐 달리 많은 말이 없었다. 비록 많은 말이 있었다 하더라도 같은 말의 되풀이일 뿐 다른 내용을 제시한 말은 없었다.

지금 성리학을 하는 사람들은 이(理)니 기(氣)니 성(性)이니 정(情)이니 체(體)니 용(用)이니 하는가 하면, 본연(本然)이니 기질(氣質)이니 이발(理發)이니 기발(氣發)이니 이발(已發)이니 미발(未發)이니 단지(單指)니 겸지(兼指)니 이동기이(理同氣異)니 기동이이(氣同理異)니 심선무악(心善無惡)이니 심유선악(心有善惡)이니 하면서 줄기와 가지와 잎사귀가 수천수만으로 갈라져 있다. 이렇게 터럭 끝까지 세밀히 분석하면서 서로 자기의 주장이 옳다고 기세를 올리면서 남의 주장을 배척하는가 하면, 묵묵히 마음을 가다듬어 연구에 몰두하기도 한다.

그런 끝에 대단한 것을 깨달은 것처럼 목에 핏대를 세우면서 스스로 천하의 고묘(高妙)한 이치를 다 터득했다고 떠든다. 그러나 한쪽

에는 맞지만 다른 한쪽에는 틀리고 아래는 맞지만 위가 틀리기 일
쑤다. 그렇건만 저마다 하나의 주장을 내세우고 보루를 구축하여,
한 세대가 끝나도록 시비(是非)를 판결할 수가 없음은 물론이고 대
대로 전해가면서도 서로의 원망을 풀 수가 없게 된다. 그리하여 자
기의 주장에 찬동하는 사람은 존대하고 반대하는 사람은 천시하며,
의견을 같이하는 사람은 떠받들고 달리하는 사람은 공격하였다. 이
러면서 스스로 자신의 주장이 지극히 올바른 것이라 여기고 있으니,
어찌 엉성한 짓이 아니겠는가.

- 오학론(五學論) 1 / 다산시문집 제11권 / 논(論)

다산은 진리는 단순하다는 것을 고전의 경전을 통해서 새롭게 밝
혀주고 있다.

다산학이라는 위대한 학문적 결실을 거두는 데는 다산의 이러한 경
학에 대한 새로운 해석을 통해서 뒤엉킬 대로 뒤엉킨 경학의 세계를
잡초가 무성한 밭을 새롭게 갈아 업고 새롭게 밭을 고르듯이 이랑을
만들어 골골이 각단을 쳐서 모든 것을 일목요연하게 만들었다. 즉 인
간의 본성은 하늘에 근본하였다는 것이고, 이에 따라 사물의 이치 역
시 하늘에서 나왔으며, 하늘의 원리를 받드는 근본을 효제와 충신으
로 삼았으며, 사람을 다스리되 무자비한 것이 아니라 예와 형정에 의
하여야 한다고 하였다.

이 모든 것이 인으로 통하는데 인이라는 것은 다름 아닌 내가 대접 받고 싶은 대로 상대에게도 대접하라는 단순한 원리이다. 이리저리 비틀고 늘리고 줄이고 하면서 어렵게 하면서 서로의 입장만을 주장한 학문적 세계에서의 인의 실천을 너무나 쉽고 단순하게 실천할 수 있도록 하였다.

다산은 이처럼 잘못된 것들을 완전한 본연의 모습으로 복원하여 원래의 뜻을 새롭게 해석하고 잡가지지들을 쳐서 원줄기가 환한 상태에서 밝게 보이도록 하였다.

다산은 항상 나라와 백성을 위하여 무엇이 진정한 일인가를 고민하였다. 특히 황해도 곡산부사 시절 불합리한 제도와 관습을 과감하게 개혁하였다. 먼저 민생을 위한 제도로 척도의 기준인 자(尺)의 길이를 확정하여 백성들이 바치는 포목을 갖고 아전들이 농간하는 것을 근본적으로 제거하였다. 그리고 과세표준이라고 할 수 있는 '가좌표(家坐表)'를 작성하여 아전들이 정확한 근거에 의하여 과세토록 하였다. 그리고 경위선(經緯線) 위에 마을의 지도를 담당 지역에 대한 상황을 확실하게 파악함으로써 백성의 허실을 정확히 파악하여 균평한 조세부과와 행정을 시행하였다.

또한 민생을 위한 행정을 효율적으로 시행하기 위해, 물품의 수급에 따라 면포를 싸게 사들여 정부에 세금으로 바치게 함으로써 백성들의 부담을 줄였다. 그리고 공문에 규정된 것의 몇 배가 되는 꿀을 황해도 감영에 바쳐 왔던 관례를 깨고 공문대로만 보내는 등 백성들에게 부과되는 불합리한 부담에 대해 어떠한 상급기관의 압력에도 맞서 민생을 보호하는 목민관의 태도를 일관되게 지켰다.

그리고 백성들의 질병의 치료를 위한 마과회통을 저술하였으며, 농업진흥을 위한 상소문으로 '응지론농정소'를 올리기도 하였다.

이처럼 다산은 학문적 이론보다 현실적 목민관으로서 행정을 통하여 진정한 목민관으로 21세기를 살아가는 우리들에게 진정한 길이 어떤 길인지 알려주고 있다.

茶山 조선의 시를 쓰다

우리나라 사람들은 시를 지으면서 걸핏하면 중국의 일을 인용하는데, 이 또한 비루한 품격이다. 모름지기 《삼국사》, 《고려사》, 《국조보감(國朝寶鑑)》, 《여지승람(輿地勝覽)》, 《징비록(懲毖錄)》, 《연려실기술(燃藜室記述)》과 기타 우리나라의 문헌들을 취하여 그 사실을 채집하고 그 지방을 고찰해서 시에 넣어 사용한 뒤에라야 세상에 명성을 얻을 수 있고 후세에 남길 만한 작품이 될 것이다.

- 다산시문집 제21권, 서(書), 연아(淵兒)에게 부침 무진(1808, 순조 8년, 선생 47세) 겨울

다산은 유배지 강진에서 아들에게 보낸 시에 대한 편지에서 시를 지을 때 우리 민족 사상과 정서를 담아야 한다고 이야기하고 있다. 그러

면서 "시대를 슬퍼하고 세속을 개탄하지 않는 것이라면 시(詩)가 아니며, 높은 덕을 찬미하고 나쁜 행실을 풍자하며 선을 권하고 악을 징계한 것이 아니라면 시가 아니다."라고도 하였다.

백성들에게 혜택을 입히려는 마음을 갖지 못한 자는 시를 지을 수 없다며 자식들에게 이 점을 명심하여 시를 짓도록 하였다.

그만큼 위대한 시인은 개인적인 정서만을 노래하지는 않고 자기와 같은 시대, 같은 장소에서 함께 살아가는 백성들과 함께 해야 한다는 연대의식이 시의 밑바탕을 이루고 있다. 이처럼 다산은 시뿐만이 아니라 논문, 산문 할 것 없이 방대한 저술을 통하여 그 어느 것이고 우리 것과 조국을 사랑하고 백성을 사랑하는 정서로 가득 채워져 있다.

이러한 사상과 정신은 다산의 시에 실제 그대로 반영되고 있다. 다산이 33세 때 암행어사로 경기도 연천(漣川) 지방을 순찰하면서 굶주리는 백성들을 보고 묘사한 작품의 일부를 보면 쉽게 알 수가 있다.

누렇게 뜬 얼굴은 생기가 없어 / 黃馘素無光

가을 앞서 시들은 버들가지요 / 枯柳先秋萎

구부러진 허리에 걸음 못 걸어 / 傴僂不成步

담벼락 부여잡고 겨우 일어나 / 循牆强扶持

골육도 보전하지 못하는 판에 / 骨肉不相保

길가는 남을 어찌 동정할 수가 / 行路那足悲

어려운 삶에 착한 본성을 잃어 / 生理槁天仁

굶주려 병든 자를 웃고만 보네 / 談笑見尫羸

(후략)

- 다산시문집 제2권, 시(詩), 굶주리는 백성들[飢民詩]

다산의 시에는 조선 후기의 사회적 모순들이 남김없이 고발되어 있다. 잘못된 사회제도가 백성을 어떻게 멍들게 하며, 관리들의 횡포로 농민들이 얼마나 고통당하는가를 리얼하게 적시하고 있다.

한편으로 다산은 해배되어 나이가 들어가면서 쓴 시 "늙은이의 한 가지 유쾌한 일(다섯 번째)"에서 "나는 바로 조선 사람인지라, 조선시 짓기를 달게 여길 뿐일세."라며 '조선시(朝鮮詩)'를 쓰겠다고 선언하였다.

다산은 실제 시에서 우리나라의 고사(故事)를 사용하기도 하고 순수한 우리의 토속어를 한자화(漢字化)하여 시어(詩語)로 사용하기도 했다. '보릿고개'를 '麥嶺'으로, '높새바람'을 '高鳥風' 등으로 표기한 것이 그 예이다.

붓 가는 대로 미친 말을 마구 쓸일세 / 縱筆寫狂詞

경병을 굳이 구애할 것이 없고 / 競病不必拘

퇴고도 꼭 오래 할 것이 없어라 / 推敲不必遲

흥이 나면 곧 이리저리 생각하고 / 興到卽運意

생각이 이르면 곧 써 내려 가되 / 意到卽寫之

나는 바로 조선 사람인지라 / 我是朝鮮人

조선시 짓기를 달게 여길 뿐일세 / 甘作朝鮮詩

누구나 자기 법을 쓰는 것인데 / 卿當用卿法

오활하다 비난할 자 그 누구리오 / 迂哉議者誰

- 다산시문집 제6권, 시(詩), 송파수작(松坡酬酢), 늙은이의 한 가지 유쾌한 일은 /

老人一快事, 다섯 번째

〈다산동암 보정산방〉

새로운 21세기 초연결 사회, 초스피드 사회는 정보화 사회에서 콘텐트웨어(contentware)를 통해 감성적 체험을 향유하는 문화지향사회(culture-oriented society)로 진입하여 '산업'에서 '문화'로 시대정신이 변화하고 있다.

이런 시대적 변화 속에서 우리 것에 대한 소중함은 다산이 일찍이 아들에게 보낸 편지에서 '우리나라의 문헌들을 취하여 그 사실을 채집하고 그 지방을 고찰해서 시에 넣어 사용한 뒤에라야 세상에 명성을 얻을 수 있고 후세에 남길 만한 작품이 될 것이다.'라고 한 이야기에서 시사점을 찾을 수가 있다.

세계 속에 빛나는 한류는 우리 것을 찾고 우리 문화를 가꾸어 나가는 주인정신이다. 다산의 시에는 강한 민족 주체의식이 담겨져 있다.

:

재물은 미꾸라지다

세간의 의식(衣食)의 자료나 재화(財貨)의 물품은 모두 부질없는 것들이다. 옷은 입으면 해어지기 마련이고 음식은 먹으면 썩기 마련이며 재물은 자손에게 전해주어도 끝내는 탕진되어 흩어지고 마는 것이다. 다만 한 가지 가난한 친척이나 가난한 벗에게 나누어 주는 것만이 영구히 없어지지 않는다. (중략) 그러므로 재화를 비밀리에 숨겨두는 방법으로는 남에게 베풀어 주는 것보다 더 좋은 것이 없다. 도둑에게 빼앗길 염려도 없고, 불에 타 버릴 걱정도 없고, 소나 말이 운반해야 할 수고로움도 없이 자기가 죽은 뒤까지 지니고 가서 천년토록 꽃다운 명성을 전할 수 있으니, 세상에 이보다 더한 큰 이익이 있겠느냐? 재물(財物)은 더욱 단단히 잡으려 하면 더욱 미끄럽게 빠져나가는 것이니 재화야말로 미꾸라지 같은 것이다.

- 두 아들에게 보여주는 가계 , 다산시문집 제18권, 가계(家誡)

황금 보기를 돌같이 하라. 이 이야기는 고려 때 최영 장군이 16세 때 아버지가 세상을 떠나면서 "너는 마땅히 황금 보기를 돌같이 하라."고 유언을 남겼는데 죽을 때까지 이를 철저히 지켰다는 데서 나온 말이다.

다산은 18세기 조선시대 문인으로 그의 생애는 청렴, 그리고 공평한 세상을 위해서 일생을 보냈다고 해도 과언이 아니다. 특히 그의 생애를 살펴보면 더욱더 다산의 청렴과 공평한 삶의 자세를 엿 볼 수가 있다.

다산은 유년 시절인 7세 때 이미 시를 지을 정도로 수학을 하였고, 21세 때 '술지(述志)'라는 시로 열심히 배운 경학의 공맹 학문을 본질적으로 연구하여 주자학에서 벗어나야겠다는 의지를 표명한다.

또 과거에 합격하여 성균관에 들어가서는 정조와의 만남으로 경학 공부의 수준이 타의 추종을 불허하는 경지까지 이른다. 이렇게 수학기 때 다산은 마음의 바탕이 되는 경학을 통해서 자신의 마음의 밭을 기름지게 가꾸었다. 또 벼슬시기 때는 '문과에 급제하고 나서'라는 시를 통하여 둔하고 졸렬해 임무 수행 어렵지만, 공정과 청렴으로 정성을 바치겠다고 다짐한다. 이러한 다산의 의지는 관료 생활 내내 초지 일관하였다.

특히 18년 유배 시절 때는 수학기 때 다짐했던 공맹의 경학을 재해석하였고, 경세학을 통하여 나라와 백성을 위한 개혁서인 일표이서를 저술하였다. 그리고 해배되어서는 학자들의 비판을 참고하여 저서들을 바로잡고 못다 이룬 저서들을 마무리하여 학문적 업적을 완성하였다.

75세로 생을 마감할 때까지 유년 시절에 다짐했던 공과 염을 실천하였고, 또한 벼슬시기 때 경학을 본질적으로 연구한다고 하였던 것을 유배 18년 동안 '다산학'이라는 위대한 학문적 결실로 창출한 다산의 정신을 잊어서는 안 된다.

무엇보다 다산이 유배지에서 자식들에게 보낸 훈계 중에 재물에 대한 글은 오늘날 우리들에게 많은 것들을 생각하게 한다. 하루하루가 불안한 가운데 아버지 없이 자라는 자식들을 생각하면서 혹여 다른 길로 나갈까 봐 글과 편지를 통하여 바른 길을 갈 수 있도록 지도하였다.

여러 일가 중에 며칠째 밥을 짓지 못하는 자가 있을 때 너희는 곡식을 주어 구제하였느냐. 눈 속에 얼어서 쓰러진 자가 있으면 너희는 땔나무 한 묶음을 나누어주어 따뜻하게 해주었느냐. 병이 들어 약을 복용해야 할 자가 있으면 너희는 약간의 돈으로 약을 지어 주어 일어나게 하였느냐. 늙고 곤궁한 자가 있으면 너희는 때때로 찾아뵙고 공손히 존경을 하였느냐. 우환(憂患)이 있는 자가 있으면 너희는 근심스러운 얼굴빛과 걱정스러운 눈빛으로 우환의 고통을 그들과 함께 나누어 잘 처리할 방도를 의논해 보았느냐.

- 두 아들에게 부침, 다산시문집 제21권, 서(書)

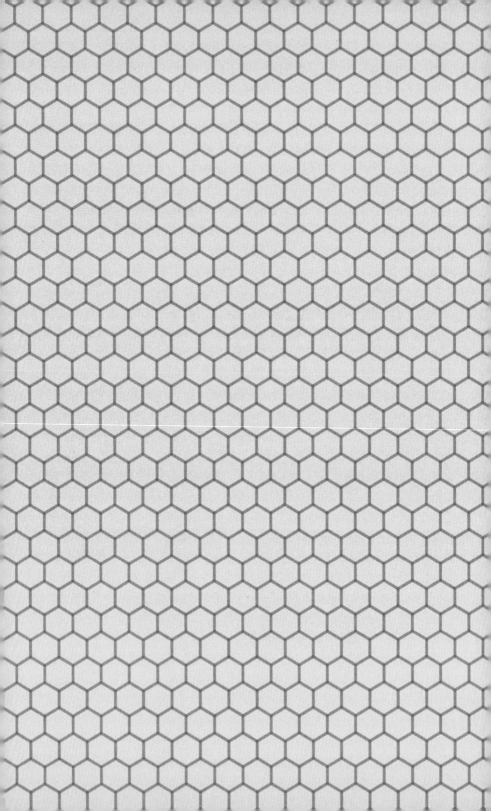

PART 7

다산학의 산실,
다산초당

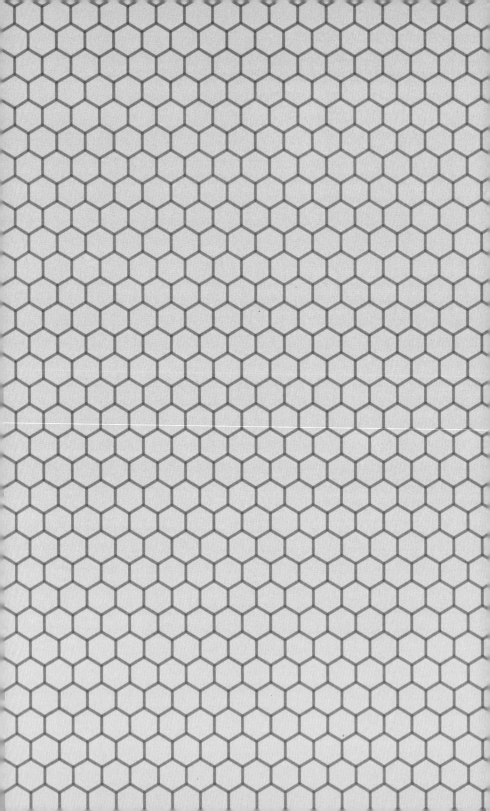

01

다산초당을 오르며

어느 때부터 하수가 상수에게 뭔가 한 수 배우려면 청소부터 배워야 한다는 잠재의식이 깔려 있었다. 그래서인지 자연스럽게 다산 선생과 만나면서부터 매주 월요일은 다산초당에 올라 아침 일찍 청소하는 일로 한 주를 시작했다.

수많은 사람들이 남기고 간 흔적들을 지우고 새롭게 다산초당을 소제하는 일이 다산 선생과 마음속의 대화의 시작이 되었다.

그렇게 다산초당을 오르내리며 다산과 마음속으로 대화를 나눈 지가 118회 이상 되었다.

다산초당에 오를 때마다 뭔가 솟구쳐 오르는 다산의 정신과 사상의 기운이 온몸을 감싼다. 그러면서 뭔가 쓸 것만 같은데 쓸 수가 없다. 선생의 위국, 애민정신의 혼이 다산초당에 살아 숨 쉬는 듯해 저절로 숙연해진다.

선생의 위대한 사상과 정신에 저절로 고개가 숙여지기 때문에 할 말이 없다. 뿐만 아니라 함부로 글을 쓰지 말라는 선생의 말씀이 뇌리에 스치면 더더욱 생각은 움츠려든다.

다산초당에 오를 때마다 뭔가를 쓰고 싶은데 쓸 용기가 나지 않아서 지금껏 망설였다. 하지만 다산초당을 오르내리면서 이제는 조금이나마 선생의 마음을 헤아릴 수 있을 것 같다는 생각에서 용기를 냈다. 선생의 그 깊숙한 사상의 골짜기에 들어와 이리저리 헤매며 때로는 너무나 힘든 길이 아닌가 싶어 후회하기도 했다.

18년 유배 생활 중 10년 동안 다산초당에서 이룬 업적을 생각하면 어찌 내가 그 일에 대해서 왈가왈부할 자격이나 있겠는가. 하지만 다산 선생께서 그렇게 꿈꾸던 나라를 위해서 본인이 할 수 있는 일이 무엇인가를 생각하면 조금이라도 할 수 있는 일이 있을 거라는 생각에서 늘 지혜를 구하기 위해서 다산의 글 속을 헤치고 다녔고 이곳을 찾아 인사드리며 간구했다.

선생은 200여 년 전, 이곳 제2의 성균관인 다산초당에서 공평, 공정, 청렴, 개혁, 창의의 다산정신을 바탕으로 "나라다운 나라 백성다운 백성"을 꿈꾸었다.

새로운 나라는 물론 백성들의 안녕과 복지를 위한 매뉴얼을 만들어 계승 발전시킬 수 있도록 하였건만 그 누구도 귀 기울이지 않았다.

다산정신의 계승발전을 위한 시스템 구축이 절실한 상황에서 하드웨어적인 부분이 빈약한 유적지 교육 및 체험관을 위한 이런저런 프로젝트를 추진하기 위해서 노력하였으나 어느 누구 하나 적극적인 관심을 갖고 있는 사람은 없다.

선생께서 18년 유배 생활을 통해 우리에게 남겨준 위대한 정신과 사상을 일깨우지 못함이 너무나 죄스러울 뿐이다.

다산초당 깊은 골짜기의 맑은 물소리와 새소리는 오랜 세월의 다산정신을 전하고 있는 유일한 매체이다. 급변하는 환경 속에서 읽어버린 정신세계를 회복하는 일이 절실하다.

다산의 흔적이 오롯이 남아 있는 역사의 현장에 맑은 물소리와 새소리가 전하는 다산정신을 모두가 함께 공유하여 공적 사회적 가치를 확산해가는 노력이 절실한 때이다. 미래 대한민국의 사회적 가치를 창출할 수 있는 유일한 창구가 바로 이곳이다.

다산초당에 오르며 다산 선생께서 상론에서 쓴 글을 생각해 본다. 비록 이 길이 어렵고 힘든 길이라 할지라도 훈련과 노력을 통해서 성취할 수 있다는 것을 되새겨 본다.

〈다산초당〉

　우리들의 삶의 여정이 아무리 고달프고 우울할지라도 어찌 18년의 유배 생활에 비할 수가 있겠는가를 생각하면 조금은 위로와 힐링이 될 것이다.

　용모는 습관으로 인하여 변하고, 형세는 용모로 인하여 이루어진다.

　(중략)

　대체로 습관이 오래됨으로써 그 성품이 날로 옮겨가게 되니, 그

〈다산서암〉

마음속에 생각하고 있는 것이 겉으로 나타나서, 상이 이로 인하여
변하게 되는데, 사람들은 그 상의 변한 것을 보고는 또한 말하기를
'그 상이 이렇게 생겼기 때문에 그 습관이 저와 같다.' 하나, 그것
은 틀린 말이다.

- 다산시문집, 상론

결과는 우리가 하기에 달렸다는 이야기이다. 우리의 상을 우리가 만
들어 놓고서 그 상을 보고 그렇게 생겨서 그런 일을 한다고 하니 우리
가 어리석은 것이다.

18년 다산의 유배 흔적을 따라 새소리 바람소리 오솔길 벗 삼아 오

르내리며 다산의 마음 헤아려 보니, 나라 사랑 백성 사랑 그 어느 것 하나 소중치 않은 것이 없다. 예나 지금이나 나라 없고 주인 없는 세상은 어디에도 없다.

02

정석(丁石)에 새겨진 다짐

다산의 속마음 어디다 남길까 이곳저곳 찾아보니
초당 서편 약천에 담으려니 칼로 물 베기 하듯 하고
초당 앞편 다조에 올려보니 부글부글 끓어 오르고
초당 동편 연지석가산에 쌓으려니 물속에 잠기네

백성이 근본임을 헤아리며 다스린 치수의 우임금
최고의 목민관으로 민생을 품어 다스린 정승 부열
백성의 생사고락 시로 함께 풀어낸 귀거래 도연명
백성을 생각 성찰하며 큰 바위에 매일 절한 미불

고귀한 정신 동암 간직할까 살피니 사방이 서책이고

서암 제자들 형편 살펴보니 글 읽는 소리 끝이 없고

새소리 바람소리 백련사 풍경소리 아랑곳하지 않으니

고귀한 정신 이끼 긴 바위에 새겨 이름 날리길 바라네

강진만 밀물 썰물 백성들 근심걱정 오장육부 씻어내고

하늘 높이 나는 기러기 소리 백성들 원망소리 대신하고

위민 애민 그 마음 영원토록 변치 않을 바위에 새기니

그 마음 그 정신 정석으로 세세연년 새 세상을 바라네

— 정석바위 새겨진 깊은 사연 생각하며

다산초당에 올라가면 왼쪽 바위에 새겨진 글 정석(丁石)이 있다.

청광 양광식 선생에 의하면 이것은 다산 선생께서 유배 생활 동안 자신의 다짐이자 지도자의 표상을 담고 있다고 한다. 왜냐하면 정석이라 새긴 두 글자 속에는 하나라의 우임금, 은나라의 부열, 진나라의 도잡, 송나라의 미불과 함께 했던 다산 선생의 얼(정신, 넋, 혼)이 담겨 있기 때문이라고 한다.

다산은 이러한 배경을 다산 4경의 정석시에 남겨 두었다.

"다산의 서쪽에 병풍처럼 둘러선 바위가 오래되어 그윽한 빛을 띠고 있는데 그 바위가 부르는 이름이 없었는데 무엇이라 이름을 부를까, 하늘도 깜빡 잊고 비록 이름을 붙이지 않았지만, 오히려 이름은 크게 올려 퍼질 수 있는 법이다. 이미 하늘도 깜빡 잊고 감춰둔 곳에다 비록, 정석이라 이름은 붙였지만 어찌 이 바위 혼자서만 다산 가운데서 특별히 뛰어나다고 할 수가 있겠는가? 내가 지은 이름과 하늘이 지은 이름은 같을 수가 없다."고 하였다.

미불, 도잠, 부암, 우혈은 어떤 대단한 뜻이 담겼기에 다산이 남긴 3,000여 수의 시 중에서 얼이 집약되어 있다고 할까?

양광식 선생의 글을 보면 먼저 우임금은 효(孝)의 실천자인 순임금의 신하일 때 온 나라가 물의 피해로 백성들이 들판에서 살지 못하고 동굴이나 나무 위에 집을 짓고 살았다.

그때 우임금이 물을 잘 다스려 하천, 호수 등의 범람을 막고 관개에 쓰일 물의 편리를 꾀하는 일을 통하여 해결하였다. 그러면서 10년간 현장에서 일을 하고 잠은 동굴에서 자고 집에는 한 번도 가질 못하였다. 또 길을 하도 많이 걸어 두 발의 발톱이 다 빠지고, 너무 많은 일을 해서 종아리에 털이 빠져 하나도 없었다.

그리고 똑바로 걸을 수가 없어서 옆쪽으로 걸었다. 그래서 중국의 물은 하수보다 큰 게 없고 우임금의 업적은 하수를 다스린 공이라 하였다.

그러나 더 중요한 것은 자기의 덕을 바르게 하는 정덕(正德)과 모든 것을 잘 이용할 수 있도록 하는 이용(利用), 백성의 생활을 풍족하게 하는 후생(厚生), 서로 잘 융합하게 하는 유화(維和) 때문이라고 한다.

두 번째 부암은 은나라 때 지역 명칭으로 이곳은 사방으로 오고갈 수 있는 교통의 중심지인데 간수라는 냇물이 넘쳐 길이 파손되자 죄를 지어서 형벌을 받은 자들을 시켜서 복구하게 하였다.

죄수 중에는 열(說)이라는 자가 있었는데 모든 죄수들이 그를 따랐다. 그래서 임금이 사정사정하여 그에게 정승을 맡겼다. 그러자 정승을 맡고 나서부터 은나라의 국력이 커지고 온 백성은 시키지 않아도 제 할 일을 하므로 부암에서 죄수로 일하던 "열"을 줄여서 부열이라고 하였다.

이것을 정치의 최상으로 여기는 서경의 내용 중에 요, 순, 우, 다음으로 「세명편」을 두어서 신하의 도리에 대한 지침서로 삼았다.

세 번째 도잠(365~427)은 전원시로 유명하다. 도잠이 팽택이란 지역의 령(令)을 맡았는데 그 고을의 높은 지위에 있는 자가 의관을 갖추어 입고 찾아와서 정식으로 인사를 하라는 이야기를 듣자마자 "귀거래사" 즉 고향으로 돌아갈까 보다라는 글을 남기고 귀향해버렸다.

그 이후부터 "쌀 닷 말 받으려고 굽실거리지 않는다."는 말이 생기게 되었다. 그러나 보다 중요한 것은 농촌의 정신을 살찌우는 근본에 충실치 못하면 봉급 축내지 말고 고향에 돌아가 손수 가꾸고 심어서 자기가 먹고 살 수 있는 일이나 하라는 가르침이다.

그 이후 자연을 노래한 서경시는 도잠에게서 시작되었다.

네 번째 미불(1051-1107)은 성품이 깔끔하여 결벽증자라 할 만하였다. 그가 무위군의 지위에 있을 때 그 고을에 우뚝 서 있는 바위가 매우 신기했다. 크게 기뻐하면서 의관을 갖추어 입고 큰 절을 올리고서 형(兄)이라 부르면서 오고갔다. 그래서 미친 사람이라는 이야기도 들었다.

하지만 그냥 지나치는 일로 다 된 일을 그릇 치는 수가 많은 것이 보통사람들의 일상인데 그는 거만하게 굴지 않고 남을 업신여기는 일을 하지 않으려고 바위에 절을 올리면서 반성하고 굳은 다짐을 하였던 것이다.

다산은 한 가지 일을 할 때마다 그 속에 의미를 부여하였다. 그리고 후세를 생각하며 보는 사람들로 하여금 뭔가를 깨달을 수 있도록 하였다. 그래서 다산의 글 속에는 반드시 큰 의미가 있다.

오늘날 왜 다산인가가 바로 여기에 있다. 오늘도 진정 이 나라의 정치 지도자들과 목민관들이 이곳 정석바위를 바라보며 다산의 큰 뜻을 되새기며 나라와 백성을 위한 각오를 한번 다져보길 바라는 마음이 간절하다.

03

다산의 저술 방법론과 교육

　다산은 유배 18년 동안 600여 권의 저술을 통하여 다산학이라는 독창적 학문의 세계를 이루었다. 이것은 1786년 다산이 환갑을 맞이하여 쓴 자찬묘지명에서 60세까지 저술한 책이 경집 232권, 문집 126권, 잡찬 141권 총 499권이라고 서술하고 있다는 점에서 확인할 수 있으며, 사망한 후에 후손들이 쓴 열수전서 총록에 경집 250권, 문집 126권, 잡찬 166권으로 총 542권이라고 한 점에서도 확인할 수 있다. 이러한 다산의 저술은 남다른 방법이 있었기에 가능했다. 다산의 이러한 방법론은 제자들을 통해서 위대한 학문적 결실로 이어졌던 것이다.

　그런데 이러한 방법론은 다산이 아들들에게 보낸 편지로 쉽게 이해할 수 있다. 다산이 아들들에게 보낸 서신이 26편이 있는데 그중에 두

편이 바로 저술에 대한 구체적인 매뉴얼을 제시하고 책을 만들어서 보내라고 하면서 "책이 완성되면 모름지기 좋은 종이에 깨끗이 써서 내 서문(序文) 책머리에 실을 것이니, 항상 책상 위에 두고 너희 형제들이 아침저녁으로 외고 익혀야 할 것이다."라고 말하고 있다.

다산시문집 제21권의 서신 두 편 중 한 통은 《주서여패(朱書餘佩)》에 대한 저술 방법을 제시하고 있으며, 또 한 통은 《제경(弟經)》에 대한 책을 저술하라고 하면서 보낸 편지이다.

편지의 내용을 살펴보면 오늘날 시중에 나와 있는 저술에 관련한 책보다 훨씬 명료하고 알기 쉽게 사례를 들어 설명하고 있다. 심지어 참고자료까지 제시하면서 세심하게 저술 방법을 제시하고 있다.

우선 《주서여패(朱書餘佩)》에 대한 저술 방법을 살펴보면 전체의 편목(篇目)은 12조(條)로 하고, 1조는 '뜻을 세움[立志]', 2조는 '옛 관습을 고침[革舊習]', 3조는 '방심을 거두어들임[收放心]', 4조는 '용의를 검속함[檢容儀]', 5조는 '책을 읽음[讀書]', 6조는 '효도와 우애를 돈독히 함[敦孝友]', 7조는 '가정생활[居家]', 8조는 '집안끼리 화목함[睦族]', 9조는 '사람을 접대함[接人]', 10조는 '사회생활[處世]', 11조는 '절약과 검소함을 숭상함[崇節儉]', 12조는 '이단을 멀리함[遠異端]'으로 전체의 구조를 잡아주면서 집안의 형편상 책을 구할 수도 없다는 것을 염두에 두고 "너희는 지금 재력(財力)이 부족하여 여러 서적을 널리 수집할 수 없으니, 다만 《주자대전》 한 책을 가지고 조목에 따라 해당되는 것을 뽑되, 조목마다 12조항씩 취하여 책을 만들도록 하여라."
하며 참고문헌까지 제시하고 있다.

한편으로 아버지로서 얼마나 안타까운 심정으로 편지를 쓰고 있는
가를 심정적으로 공감토록 하고 있다. 이 또한 다산의 속 깊은 자식들
에 대한 애정이기도 하다. 이렇게 참고문헌을 통해서 글을 쓰되 "그
래도 부족하거든《소학(小學)》에서 뽑도록 하되 조항마다 '주자왈(朱
子曰)'이라는 세 글자를 붙여서 표시하도록 하여라. 가령《소학》중에
서 장공예(張公藝)의 일을 뽑을 경우에는 '주자가 말씀하시기를, 장 공
예가 …… [朱子曰張公藝云云]'라는 식으로 쓴다."라고 하여 철저하
게 출처를 밝히도록 하였다는 점에 역시 학자다운 면모를 발견할 수
가 있다.

그리고 "조항마다 6~7항(行)을 넘지 않도록 하라. 120자로 제한한
다. 간혹 뛰어나서 놀랄 만하고 특출한 말은 비록 1항에 한두 글귀만
이라도 좋다."라고 제시하면서 "120자로 제한하게 되면 본문을 잘라
내지 않을 수 없다. 그렇게 하면 반드시 그 본뜻을 잃게 될 것이다."라
고 하면서 주의 깊게 편집할 것을 이야기하고 있다.

다산이 아들들에게 저술하라고 보낸《주서여패(朱書餘佩)》의 12조
목은 마치 아버지 없는 자신의 아들들에게 해주고 싶은 이야기를 책
으로 엮도록 한 것으로 생각된다. 왜냐하면 조목 하나하나를 살펴보

면 자식들에게 필수적인 교육 내용이다.

"학문을 하는 것은 마치 배를 상류로 저어가는 것과 같아서 물결이 평온한 곳에서는 그런 대로 가도 무방하지만, 여울이 심한 급류를 만나면 사공은 한 차례라도 노 젓는 것을 방심하여서는 안 된다. 힘을 주어 그대로 저어 올라가야 하니 한 발자국도 긴요하게 하지 않으면 안 되고, 한 발자국이라도 물러나게 되면 이 배는 올라갈 수 없게 된다.' 전장(前章)의 아래 조목하였는데, 이 조항은 마땅히 입지편(立志編)에 넣어야 한다."라고 한 것을 봐도 멀리 떨어져 어찌할 수 없는 상황에서 자식들이 게으름피우지 않고 부지런히 학문을 할 수 있기를 바라는 다산의 애타는 심정이 서려 있는 내용이다.

이처럼 다산은 저술을 위한 방법론을 통해서 책도 책이지만 자식들의 교육방법으로도 활용하였음을 알 수가 있다.

《제경(弟經)》에 대한 저술 역시 다산은 8조목에 대한 사례를 들어 세심하게 저술 방법론을 제시하고 있다. 이를 통해서 다산 역시 자식들에게도 간접적인 교육을 실시하고 있었던 것이다. 그러면서 "경서(經書)나 예문 중에서, 12조에 해당되는 성인들의 말씀을 뽑아 윗부분에 기록하고, 그 아랫부분에는 《소학》·《명신록》·《십칠사(十七史)》 등에 있는 효자들의 훌륭한 전기(傳記)와 정한봉(鄭漢奉)의 《일찬(日纂)》과 《퇴계언행록(退溪言行錄)》·《해동명신록(海東名臣錄)》·《조야수언

저술도서	《주서여패(朱書餘佩)》	《제경(弟經)》
참고도서	《주자대전(朱子大全)》	《논어》 《맹자》 《중용》 《대학》 《예기》
- 1조	뜻을 세움[立志]	원본(原本) : 격언 10여 조항
- 2조	옛 관습을 고침[革舊習]	기거(起居) : 아랫목에 앉지 마라
- 3조	방심을 거두어들임[收放心]	음식(飮食) : 밥숟갈을 크게 뜨고 국을 마시지 않는다.
- 4조	용의를 검속함[檢容儀]	의복(衣服) : 어린이는 비단으로 바지와 저고리를 해 입히지 않는다.
- 5조	책을 읽음[讀書]	언어(言語) 남의 말을 표절하지 마라
- 6조	효도와 우애를 돈독히 함[敦孝友]	시청(視聽) : 남의 은밀한 곳을 엿보지 말며
- 7조	가정생활[居家]	집사(執事) : 자리를 받들고 어느 곳으로 향할 것인지 여쭈며
- 8조	집안끼리 화목함[睦族]	추공(推功) : 공경[弟]이 사냥[獀狩]에까지 통하였다
- 9조	사람을 접대함[接人]	경서(經書)나 예문 중에서, 12조에 해당되는 성인들의 말씀을 뽑아 윗부분에 기록하고, 그 아랫부분에는 《소학》 · 《명신록》 · 《십칠사(十七史)》 등에 있는 효자들의 훌륭한 전기(傳記)와 정한봉(鄭漢奉)의 《일찬(日纂)》과 《퇴계언행록(退溪言行錄)》 · 《해동명신록(海東名臣錄)》 · 《조야수언(朝野粹言)》 중에서 공경[弟]에 절실한 가언(嘉言) · 선행(善行)의 글을 절요(節要)해서 다시 12조항을 만들어 그 아랫부분에 기록하도록 한다.
- 10조	사회생활[處世]	
- 11조	절약과 검소함을 숭상함[崇節儉]	
- 12조	이단을 멀리함[遠異端]	
• 편목	- 조목마다 12조항씩 - 조항은 6~7항(行), 1백 20자 제한 - 잠(箴) · 명(銘) · 송(頌) 중에서	

《朝野粹言》》 중에서 공경[弟]에 절실한 가언(嘉言) · 선행(善行)의 글을 절요(節要)해서 다시 12조항을 만들어 그 아랫부분에 기록하도록 한다."라고 기록하고 있다.

유배라는 시련과 고통 속에서도 600여 권의 저술을 통하여 다산학이라는 위대한 학문적 결실을 거둔 다산은 바로 수기로써 자신은 물론 가정의 다스림을 통해서 가능했다.

04

세상에 이런 책은 또다시 없을 것이다

'주역사전'은 다산의 끈질긴 학문적 열정으로 만들어진 책으로 유배의 고난을 잊게 한 책이다. 일찍이 보고 싶었지만 감히 쉽게 접하지 못한 책이었다고 다산은 말하고 있다.

유배 초기 강진에 도착한 다산, 갈 곳도 없는 상황에서 주막집 주모의 배려로 그나마 거처할 뒷방 하나 차지하고 온갖 아낙네들 주정소리 다 들어가며 지낸 다산의 심정은 어땠을까? 참 답답하고 뭔 말을 해야 할지 기가 막히는 신세였다.

오직 할 수 있는 일은 책을 보며 마음을 삭히는 일 외에는 다른 방법이 없었다. 그래서 마음을 다잡으며 자신의 몸과 마음과 말과 행동을 추스르기 위해서 사의재기를 써서 마음속에 걸었던 것이다. 그러면서 다산은 주역에 관심을 갖게 된다.

주역은 유교 경전 중 3경의 하나인 우주 천지만물의 끊임없는 변화의 자연현상의 원리를 설명하는 것이다. 다산은 자신의 처지를 우주 만물의 끊임없는 변화 가운데서 찾고자 했을 것이다.

주역을 30년 강의한 김석진 선생은 주역을 공부하면 좋은 점은 "주역은 때를 알고 변할 줄을 아는 거지. 그리고 사람이 살면서 때를 모르고, 변할 줄 모르는 게 제일 답답해. 때를 모르고, 변해야 될 때 변할 줄 모르는 사람은 욕심만 가득해서 맨날 그러려니 하다가 뒤집히고 망하는 거야. 그러나 때를 알아야 때에 맞춰 변할 수 있지. 주역을 공부하면 때를 알 수 있어."라고 한 것을 보면 다산도 아마도 일찍이 이런 마음으로 주역을 재해석하였을 것이다.

다산은 주역에서 변화와 왕래의 자취를 살펴 과거와 미래, 유무의 이치를 징험하여 천지를 가늠하고 우주를 망라하기에 넉넉하다고 하였다.

조선 사회는 피폐할 대로 피폐한 상황에서 주역은 점술로 활용되고 있었다. 그러나 다산은 그것이 주역이 쓰인 본래의 목적이 아니라는 것을 알고 있었다.

주역은 나라와 백성을 위해 닥칠 상황에 대비하기 위해 만든 책이며, 그동안 잘못 해석된 부분들을 찾아서 재해석하면서 나름의 역학을 정리하였다.

1803년 겨울 다산은 드디어 사의재에서 주역에 몰입하게 된다. 그때 다산의 심정을 윤외심 영희에게 보내는 서신(여유당전서 문집 권19)에 이렇게 쓰고 있다.

"내가 1803년 겨울 강진 유배지에서 주역을 읽기 시작했다. 이해 여름에 비로소 기록해 놓은 공부가 있어서 겨울이 되어 완성하였는데, 모두 8권이다. 이 책이 갑자본이다. 이 갑자본은 거칠고 소략하여 완전치 못해서 없애버렸다. 그 다음 해에 개정하여 다시 엮었는데 역시 8권이었다. 이것은 을축본이다. 1805년에 큰아들 학연이 와서 보은산방에서 기거하면서 앞의 책에서 양호, 교역의 상을 취하지 못했기에 모두 개정하여 봄이 되어 끝마쳤다. (중략) 1808년 가을 내가 다산에 있을 적에 둘째 아들 학유로 하여 탈고하게 하였는데, 또한 24권이었다. 이것이 이른바 무신본, 주역사선이나."

다산은 이렇게 주역에 몰입하면서 5~6년을 보냈다. 그러면서 다산은 유배의 시련과 고난을 학문적 연구로 승화시켜 가고 있었다. 더군다나 책을 역으면서 큰아들, 작은아들이 번갈아 오가면서 함께 했을 수가 있었으니 얼마나 아버지로서 그나마 뿌듯했을까?

다산이 두 아들에게 보낸 편지(다산시문집 제18권 / 가계)에서도 이 책이 얼마나 소중하고 자산의 열정을 쏟았는지를 알 수 있다.

"내가 죽은 뒤에 아무리 정결한 희생과 풍성한 안주를 진설해 놓고 제사를 지내준다 하여도, 내가 흠향하고 기뻐하는 것은 내 책 한 편을 읽어주고 내 책 한 장(章)을 베껴주는 일보다는 못하게 여길 것이니, 너희들은 그 점을 기억해 두어라. 주역사전은 바로 내가 하늘의 도움을 얻어 지어낸 책이요 절대로 사람의 힘으로 통할 수 있고 사람의 지혜나 생각으로 이룰 수 있는 바가 아니다. 이 책에 마음을 가라앉혀 깊이 생각하여 오묘한 뜻을 모두 통할 수 있는 사람이 있다면 그는 바로 나의 자손이나 붕우가 되는 것이니 천 년에 한 번 나오더라도 배 이상 나의 정을 쏟아 애지중지할 것이다."

또 다산은 흑산도로 유배 간 형의 죽음을 애도한 선중씨 묘지명에서도 형이 자신의 주역에 대해 평가한 이야기를 쓰고 있다.

내가 강진 다산에 있을 때 흑산도와는 바다 하나를 사이에 두고 서로 바라보는 곳이었으나 그 거리는 수 백리 떨어져 있으므로 자주 편지로써 문안하였다. 나의 역전이 완성되어 공에게 보냈더니, 이를 보시고 공은 "세 성인의 마음속 은미한 뜻이 오늘날에 와서 다시 찬란히 밝아졌다." 하였고, 얼마 뒤 다시 초고를 고쳐 보냈더니, 공은 "지난번 《역전》이 동쪽 하늘에 떠오르는 샛별이라면 이번 원고는 하늘 한가운데 밝은 태양이다." 라고 하셨다.

주역은 점서라기보다 자신을 다스리는 수양서요, 만물의 이치로써 마음공부를 하는 인문학이다.

다산은 주역을 통해서 성인들이 만물의 정을 체득하여 그 출처, 진퇴의 의리를 살펴 흉을 피하고 길로 나아갈 수 있길 바랐다. 옛날의 성현들은 우환이 있을 적마다 주역으로 처리하였다며, 자신의 처지를 옛날 성현들과 비길 수는 없지만, 두렵고 억울한 심정은 어찌 다를 바가 있겠는가 하면서 자신의 처지를 주역으로 풀어 넘기며 승화시켰다.

"7년 동안 타향살이로 문을 닫아걸고 칩거하노라니 노비들도 나와는 함께 서서 이야기도 하려 하지 않습니다. 그러므로 낮에 보는 것이라고는 구름의 그림자나 하늘의 빛뿐이고, 밤에 듣는 것이라고는 벌레 소리와 바람에 불리어 나는 대나무 소리뿐입니다. 이런 정적의 생활이 오래되니 정신이 모여져서 옛 성인의 글에 몰입할 수 있어 자연히 울타리 밖으로 새어나오는 불빛을 엿볼 수 있게 되었습니다."라며 정신을 몰입하여 주역의 본뜻을 알아가는 희열도 맛보았다. 다산은 그 모진 유배 생활을, 주역사전을 엮어가는 학문적 열정 속에서 자신의 억울함을 풀어가고 있었다.

05

조선사회 개혁서 『경세유표』

"그윽이 생각건대 대개 터럭 하나만큼이라도 병통 아닌 것이 없는
바, 지금이라도 고치지 않으면 반드시 나라가 망한 다음이라야 그
칠 것이다. 이러하니 어찌 충신과 지사가 팔짱만 끼고 방관할 수 있
을 것인가."

유배 18년 동안 다산은 오직 나라와 백성만을 생각했다. 그것은 그
의 600여 권의 책 속에 남겨져 있다. 다산은 조선사회의 개혁서라고
할 수 있는 경세유표를 쓰면서 죄인의 몸으로 혹시라도 더 큰 죄가 될
까 봐 이전의 사례를 예로 들며 자신의 개혁(안)이 죄가 될 수 없다
고 쓰고 있다.

"죄에 연루된 신하로서 감히 나라의 법을 논하겠는가. 그렇기는 하다. 그러나 반계 유형원이 법을 고치자고 논의했어도 죄를 받지 않았고, 그의 글도 나라 안에 간행되었으니 다만 이용되지 않았을 뿐이었으며, 그가 말한 것은 죄가 되지 않았다."

다산도 그러면서 용기를 내서 터럭 하나만큼이라도 병통 아닌 것이 없어서 지금 당장 고치지 않으면 반드시 나라가 망하게 되는데 비록 죄인이지만 어찌 보고만 있겠는가라는 절실한 마음으로 경세유표를 쓰게 된 것이라는 것을 먼저 이야기하고 있다.

당시는 정조의 뒤를 이은 순조가 나이가 어리다는 이유로 대왕대비 정순왕후가 대신 다스렸다. 이를 계기로 순조의 장인인 김조순을 비롯한 안동 김씨 세력이 모든 권력을 휘두르면서 세도정치로 조선은 점점 침몰해가고 있던 때이다.

다산은 자찬묘지명에서 '경세라는 것은 무엇을 말함인가. 관제(官制)·군현제(郡縣制)·전제(田制)·부역(賦役)·공시(貢市)·창저(倉儲)·군제(軍制)·과제(科制)·해세(海稅)·상세(商稅)·마정(馬政)·선법(船法)·영국지제(營國之制, 도성을 경영하는 제도 등 나라를 경영하는 모든 제도에 대해서 현재의 운용에 구애받음이 없이 기본 골격을 세우고 요목을 베풀어 그것으로써 우리 구방을 새롭게 해보겠다는 것.)'이라고 하였다. 그리고 '遺表'의 '유'는 죽으면서 남긴다는 뜻 그대로이며, '표'라는 것은 신하가 임금에게 올리는 글이라고 하였다.

그만큼 다산은 사후에라도 자신의 사회개혁서가 조선의 미래를 위해서 쓰이길 간절히 소망했다. 정인보 선생의 경세유표에 대한 글을 보면 알 수가 있다.

"이 책은 법도에 대한 초본인데 방법이라 하지 않고 방례라고 함이 벌써 깊은 뜻이 있다. 학문과 정치가 분립한 지 오래라 학문이 정치를 버렸으니 그 학문이 실을 거론하지 못하고 정치는 학문에 의하지 않으니 그 정치는 언제나 치도의 본을 얻지 못했으므로 이에 도와 정이 일치임을 밖으로 거론하였으니 이것만으로도 세상에 없는 고독한 학문적 결단임을 짐작할 수 있다."

민생이 도탄에 빠져 백성들의 삶은 피폐해지고, 당파싸움으로 정조의 사망과 더불어 더욱더 깊게 빠져 조정에서는 민생은 안중에도 없고 오직 파벌중심의 정치가 전개되고 있었다. 그러면서 사상적으로 균열이 생기기 시작해 다원화 현상이 심각하게 전개되고 있었다.

힘없는 백성들에게 토지에 부과한 전정(田政)은 과도하게 부과되었고, 나라의 군대를 위한 군정(軍政)은 갓난아이와 죽은 자에게까지 군포가 부과되었으며, 서민을 구제하기 위하여 운영되는 환곡(還穀)은 고리대금업으로 변질되어 오히려 서민들을 착취하였다.

이러한 삼정의 극심한 문란과 더불어 민생은 도탄에 빠지고 백성들은 굶주림에 허덕이는 실상이 전개되고 있었다.

다산은 이를 절감했다. 그리하여 이미 경험하고 유배 현장인 강진에서 보고 듣고 하면서 조선이 개혁하지 않으면 망한다라는 생각에서 국가개혁(안)을 작성하게 된 것이다.

경세유표는 크게 관재운영과 사회경제제도 개혁으로 나눌 수 있다.

관재운영은 치관, 교관, 예관, 정관, 형관, 사관, 군현분, 고적지법 등에 대한 개혁을 다루고, 사회경제제도 개혁은 정전론, 조선후기 토지제도분석, 정전제 시행방안, 시대별 세법 검토, 부공, 경전의 근거와 면세, 환곡제도의 역사와 개혁안, 호적제도의 개선 및 교육제도 개혁, 과거제도의 개혁, 무과제도의 개혁 등을 다르고 있다.

특히 사회제도 개혁에 있어 60%가 토지 제도개혁에 대한 부분을 다루고 있다는 것을 보면 농경사회에서 토지문제가 전체사회 문제의 대부분을 차지하고 있음을 반증하고 있다. 그만큼 서민들의 삶을 위한 제도의 혁신이 절실했던 것이다.

한말 학자이며 항일 우국지사인 이건방(1861-1939)은 다산의 사회 개혁서가 빛을 보지 못함을 안타까워하는 심정을 글로 남겨놓았다.

"아아, 선생의 재주와 학문도 이미 세상에 펼쳐져 시행되지 못하고 도리어 세상과 빗맞고 남들에게 따돌림당해서 거친 산과 바닷가로 귀양까지 가지 않았는가. 그리하여 늙어서 죽기까지 한갓 빈말만을 세상에 남겼은즉 이것 또한 이미 슬픈 일이다. (중략) 선생의 글이 상자 속에 담긴 채로 먼지와 그을음이 앉고 좀벌레만 배부르게 한 지가 벌써 1백 년이나 되었으니, 나는 여기에서 그윽이 느낀 바가 있다."

이건방은 다산의 경세유표를 몽테스키외의 '법의 정신'과 루소의 '민약론'을 이야기하면서 서양에서는 국가적 차원에서 학문에 대한 관심도가 많아서 나오자마자 바람이 일듯이 퍼졌고, 사람들이 보고 들은 것을 통하여 새로운 생각을 갖게 되었으며 더욱 깊이 연구하고 정밀하게 강론하여 유럽 나라들이 나날이 부강하게 되고 있다고 하였다. 그런데 조선은 그것이 전해지지 않은 까닭에 사람들이 강론할 수 없었고, 오직 강독하지 못했으므로 또한 시행될 수가 없었다면서 안타까워하고 있다.

다산의 사회개혁서인 경세유표가 지금도 우리 사회의 부정과 부패의 척결을 위한 지침서로써 전부는 아닐지라도 다산의 정신을 바탕으로 다시 한번 짚어보면 우리 사회 곳곳을 밝혀줄 지침서가 한두 가지가 아닐 것이다.

꺼진 불도 다시 보자는 이야기처럼 나라다운 나라, 백성다운 백성을 꿈꾸던 다산의 꿈이 오늘을 살아가는 우리 모두가 자라는 꿈이라는 것을 새삼 느끼게 한다.

정부의 관사 총수는 합계 120에 한정하고, 6조로 하여금 각기 20씩 분실할 것이며, 관은 9품으로 정하되 정, 종의 구별이 없고, 1품, 2품에만 정, 종이 있을 것, 호조는 교육을 겸임하고 현재 왕도의 5부를 《주례(周禮)》의 육향을 벤치마킹하여 6부로 하고, 육덕, 육행, 육예로써 백성을 교화하는 옛 제도를 도입할 것, 인사고과법은 임금 앞에서 자신의 공적을 이야기하는 것을 엄격하게 시행하고 관의 대소는 물론 업무 일체를 평가하여 요순시대의 제도를 회복할 것이며, 삼관삼천법 즉 중앙정부의 관료들이 추천하는 추천제를 개혁하여 신진에게 귀천을 분간하지 않도록 할 것.

또 수릉관 즉 왕실의 능을 지키는 관리는 벼슬을 삼가 그의 벼슬을 이용한 요행을 부리지 못하게 할 것이며, 대소과를 합일시키고 급제는 36인만 취하되 3년 대비의 외에는 경과, 알성과, 별시, 정시 등 과는 전부 혁파할 것이며, 과세제도는 전 10결에 1결을 취하여 공전을 만들고 농부로 하여금 공전에 조력만하고 납세치 않도록 할 것이며, 현행 군포의 폐법을 혁파하고 9부의 제를 수행하여 민역을 크게 균등하게 할 것이며, 둔전법을 정하여 군사를 절약하고 군련을 편려하게 하되 경성 수십 리 내, 즉 동·서·남 삼교의 전을 매수하여 모두 삼영 군전을 만들어서 왕도를 호위하게 하고 읍성 수 리 내의 전도 또한 매수하여 모두 지방군영의 전을 만들어서 군현을 수호하게 할 것을 제안하였다.

또한 사창의 제한과 상평의 법을 정하여 탐관오리의 간사한 도적질을 막을 것이며, 중전, 대전과 금은전을 만들어 사용하여 금은의 국외(주로 연경)로 탈주를 방지할 것이며, 향리의 토지를 한정하고 세습의 법을 금하여 그 간사하고 교활함을 막을 것을 주장하였다.

특히 이용감을 개설한 동시에 북학의 법을 의정하여 기예의 신제를 수입하여 부국강병을 도모하여 이룰 것 등을 제한하였다. 정전법 실시, 사농공상 간의 분업구상, 관제개혁에서 이용후생관서의 설치 등 유배지에서 망해가는 조선을 바라보면서 애통하는 마음으로 조선의 개혁서를 쓴 것이다.

유배의 몸으로 어찌할 도리도 없는 상황에서 오직 이 개혁서가 죽어서라도 보고되길 간절히 바라는 일념으로 유표라고 했다 하니 그 마음을 어찌 헤아릴 수가 있겠는가?

06

현대적 형법과 형사소송법 매뉴얼 『흠흠신서』

"오직 하늘만이 사람을 살리고 죽이니 인명은 제천이라 한다. 그런데 지방관은 그 중간에서 선량한 사람은 편히 살게 해주고, 죄 지은 사람은 잡아다 죽일 수 있으니 이는 하늘의 권한을 드러내는 일이다. 사람이 하늘의 고난을 대신 쥐고서 삼가고 두려워할 줄 몰라, 털끝만한 일도 세밀히 분석해서 처리하지 않고서 소홀히 하고 흐릿하게 하여 살려야 하는 사람을 죽게 하기도 하고 죽여야 할 사람을 살리기도 한다. 살인 사건에 대해서는 따로 전문적인 책으로 다루어야겠다고 생각하고 드디어 이 책을 편찬한 것이다"

- 순조 22년 1822년 봄 정약용이 서문을 쓰다

다산은 목민심서를 저술한 후 백성들의 목숨을 다루는 것이 벌레만도 못하다는 생각에서 흠흠신서를 저술하였다. 특히 지방의 목민관들이 백성들의 생사여탈권을 쥐고 있는 상황에서 죄를 다루는 것은 무엇보다 소중하였다. 하지만 목민관들은 어려서부터 머리가 희어질 때까지 오직 시나 짓고 있다가 갑자기 목민관이 되어서 지방으로 내려오게 되면 그야말로 아무것도 모른다는 것을 다산은 알고 있었다.

　어리둥절하여 손쓸 바를 모른 상황에서 목민관은 마침내 간사한 아전에게 맡겨 버리게 된다. 목민관이 알아서 처리하지 못하니 돈을 좋아하고 의리를 천히 여기는 간사한 아전이 죄를 다루고 처리하게 되니 백성들의 생사여탈권이 온전할 리가 없었다.

　그래서 다산은 조정과 곡산부사와 암행어사 때의 경험을 바탕으로 지방의 목민관들이 어떻게 백성들의 죄를 다루어야 할 것인가를 실제적이고 상세하게 현실에 맞게 형벌을 처리할 수 있도록 책을 저술하였다.

　다산은 옛날 구양수가 관아에 일이 없자 해묵은 공문서를 가져다가 이리저리 사례를 끌어내어 이를 일생 동안 옥사를 다스리는 자료로 삼았다는 것을 이야기하면서 목민관들이 직무를 수행함에 있어서 현장을 살피고 듣고, 읽고, 학습을 통하여 생명을 가볍게 여기지 않도록 하였다.

다산은 목민관들이 생사의 지극히 중요한 대목에서 형벌을 함부로 하고 있다는 것을 눈앞에서 보면서 생명의 소중함을 일깨워 백성들의 생명을 아끼고 보살피려는 마음으로 "흠흠신서"를 저술한 것이라고 서문에서 밝히고 있다. 흠흠이라고 한 것은 그것이 무엇 때문인가 이유를 깊이깊이 생각하는 것이 형벌을 다루는 근본이기 때문이라며 "흠흠신서"라고 하였다.

흠흠신서는 크게 5개 부분으로 나누어져 있다.

첫 번째는 부경사요의 3권으로 고대 경전 중 원칙적 교훈과 이에 대한 학자들의 해설과 논의를 색인하고 다산의 대안을 첨부한 것이다.

두 번째 비평준초는 5권으로 상세하게 잘못한 것들을 비판한 것들의 초록을 정리한 것이고, 세 번째 의율차례는 4권으로 청나라 사람의 죄를 헤아려 형벌을 처한 사례를 들어서 참고토록 한 것이며, 네 번째 상형추의는 15권으로 정조시대 각 군현의 공안들을 수록하고 또한 자기 의견을 첨부한 것이다.

마지막으로 전발무사는 3권으로 당시에 일어난 사건과 살인 사건에 대하여 실제 있었던 일이 아니라 모방하여 만든 판결들을 편차하여 가상의 사례를 통하여 백성들의 생명을 법률에 의하여 신중하게 처리토록 하였다.

흠흠신서는 살인과 범죄의 심리와 판결의 원칙 방법과 판결례들을 포괄한 형법 매뉴얼이다. 당파싸움으로 백성들의 삶은 안중에도 없는 상황에서 지방의 목민관들이 자신의 역할을 제대로 수행하지 못함으로써 탐관오리의 농간에 따라 생존권이 박탈되는 백성들의 생명과 인권을 보호하려는 다산의 애민정신의 발로이다.

흠흠신서는 '목민심서' 제9편인 형전(刑典)의 모든 소송과 감옥살이 등의 처리에 관한 내용을 확대하여 목민관들이 보다 쉽게 백성들의 죄를 처리할 수 있도록 한 매뉴얼이다.

형(刑)이란 결국 백성을 다스리는 마지막 방법이기 때문에 잘못 취급되고 남용된다면 백성들의 목숨이 위태롭지 않도록 또 농간이 개입되지 않도록 하기 위해서 저술하였다. 뿐만 아니라 사망사건에 대한 죄와 벌의 처리에 대한 상세한 해설과 법절차에 관한 내용으로 엮어졌다. 특히 다산은 유배현장에서 백성들의 피폐한 모습 속에서 목민관이 입법, 사법, 행정의 삼권을 온통 행사하면서 백성들의 목숨을 가볍게 여기는 것을 보면서 더욱더 흠흠신서를 저술하게 된 것이다. 그리고 암행어사 시절과 곡산부사 시절 경험도 다산이 국법을 높이 받들어 불쌍한 백성들의 생명을 소중히 여겨야 한다는 생각을 더욱더 깊게 했던 것이다.

'흠흠신서'는 현대적 측면에서 형법과 형사소송법상의 살인사건에 대한 형사소추에 관한 절차나 전개과정에 해당하지만, 법률적 접근만이 아닌, 법의학적, 형사학적인 측면을 포괄하고 있다.

그리고 사건의 조사와 시체 검안 등 과학적인 접근까지 다루고 있어서 현대의 경찰, 검찰이나 법원에 종사하는 사람 및 법의학에 관계하는 모든 이들의 기본 참고서로 더없이 좋은 고전적 자료가 될 것이다.

다산은 백성의 생명 존중과 범죄에 있어서 얼마나 조심스럽고 성실하게 공정히 사건을 처리하고, 실체적 진실을 밝히기 원했으면 책의 제목을 '흠흠'이라고 했겠는가? 그런데 오늘날 사법부의 모습과 검찰의 모습은 200년 전 다산이 백성들을 위한 걱정과 사랑과는 거리가 먼 추악한 모습으로 국민들을 오히려 걱정되게 하고 있으니 다산이 이 모습을 본다면 얼마나 안타까워할까?

오늘날처럼 인간의 존엄성이 가치를 잃어가고 생명에 대한 경시 풍조가 만연해 있는 시대에, 다산의 인도주의적 애민정신과 생명 존중 사상을 다시 되새겨야 할 때이다.

07

200년 된 백성 위한 공직자 복무 매뉴얼 『목민심서』

"먼 변방에서 귀양살이한 지 18년 동안에 오경(五經) · 사서(四書)를 되풀이 연구하여 수기(修己)의 학을 공부하였다. 다시 백성을 다스림은 학문의 반이라 하여, 이에 23사(史)와 우리나라의 역사 및 자집(子集) 등 여러 서적을 가져다가 옛날 사목이 목민한 유적을 골라, 세밀히 고찰하여 이를 분류한 다음, 차례로 편집하였다."

- 목민심서를 쓰면서

학창 시절 시험 답안지에서 목민심서 정약용으로만 기억했던 책이다. 일찍이 목민심서를 알았지만 이 책이 피폐한 조선사회의 관료들은 물론 오늘날 우리사회의 공직자들에게 얼마나 소중한 책인가 이제야 알게 되었다.

목민심서는 조선조 후기 실학자인 다산(茶山) 정약용(丁若鏞) 선생이 강진 유배 때인 1818년에 저술한 책으로 지방 관료들이 서민을 위해서 어떤 자세를 가져야 할 것인가를 부임해서 돌아갈 때까지의 공무에 대하여 상세한 사례와 함께 적은 책이다.

다산은 유배 현장인 강진은 물론 황해도 곡산부사 시절과 암행어사 시절 겪었던 목민관들의 행태를 보면서 백성을 보살펴야 할 사람들이 백성을 돌보기는커녕 자기의 이익 추구에만 급급한 것을 개탄한 나머지, 1817년 제도나 정책개혁의 저술인 "경세유표(經世遺表)"를 저술하다가 우선 중요한 것이 현 상황에서 개혁해야 할 것을 생각하면서 "목민심서"를 저술하게 되었다.

목민심서는 모두 12편으로, 1은 부임(赴任), 2는 율기(律己), 3은 봉공(奉公), 4는 애민(愛民)이고, 다음이 육전(六典)으로 이, 호, 예, 병, 형, 공이 있고, 11은 진황(賑荒), 12는 해관(解官)이다. 12편에 6조씩 구성되어 모두 72조로 되어 있다.

매 편을 6조씩 나뉘고, 매 조에 강목(綱目)을 두어 강에서는 다산의 의견으로 제시하고, 목에서는 우리나라와 중국의 경전, 사서, 법전, 문집 등에서 구체적인 사례를 들어 설명하고 있다. 그리고 비판을 가하고 결론을 짓고 경우에 따라서는 처리 방법까지 제시하고 있다.

다산은 목민심서의 기본을 나라의 근간이 되는 관료들의 올바른 정신과 올바른 직무수행이 백성을 위한 기본이라고 하였다. 그것을 바탕으로 "군자의 학문은 수신이 절반이요, 나머지 절반은 목민이다."라고 하면서 학문과 올바른 정신을 가진 후에 직무가 수행되어야 한다고 하였다.

요즘 고위공직자 청문회를 보면서 우리의 주변에 있는 소위 지도자들이라는 사람들이 얼마나 학문을 통해서 자신을 가다듬고, 올바른 정신으로 직무에 수행할 수 있는 자격이 되는가를 평가하는 국회 청문회를 보면 가관이다. 오죽했으면 정부에서 고위공직자들의 인사기준을 마련하였을까 생각된다.

병역 기피, 세금 탈루, 불법적 재산증식, 위장 전입, 연구 부정, 음주 운전, 성 관련 범죄 등 7대 비리기준을 마련하여 청문회를 하는데 어디 하나 걸리지 않은 공직 대상자가 없다. 다산의 눈으로 보면 기가 찰 노릇이다.

200년 전 다산이 목민심서에서 "서민들은 피폐하고 곤궁하게 되었으며 병에 걸려 줄지어 쓰러져서 구렁을 메우는데, 목민관이라는 자들은 좋은 옷과 맛있는 음식으로 자신만 살찌우고 있다."라고 했듯이 이 나라의 지도자들이 되기 위해서는 일찌감치 다산의 목민심서를 갖다 놓고 확인하면서 허점이 없는지 확인하면 좋을 듯싶다.

어린아이에게 군역을 부과하거나 죽은 사람에게 군역을 부과하는 등 상상을 초월한 세금 착취로 백성의 삶을 도탄에 빠뜨린 사람들이나 자신의 영달을 위해서 온갖 수단과 방법을 동원한 오늘의 세태를 보면 다를 게 하나도 없다는 생각이 든다.

작금에 벌어지는 현상을 보면 모양만 다를 뿐 지도자나 리더들의 모습은 예나 지금이나 백성들의 피를 토하게 하는 일이 반복되고 있다.

평범한 백성들은 오직 앞만을 바라보며 지극히 일상적인 욕구마저도 채우지 못하고 그저 근근이 살아가고 있는데 지도자라는 사람들은 앞서서 비리를 저지르면서 욕망을 채워 왔다는 것을 확인하였다.

무엇이 진정 우리가 추구해야 할 소중한 가치인지 또 바람직한 것인지 다시 한번 뒤돌아볼 수 있는 소중한 시간이었다.

소위 지도자라는 사람들이 국민을 중심에 두고 처신하지 않고 자신의 사리사욕만을 위한 일이라면 일찌감치 백성들 앞에 나서지 않는 것도 용기인 것 같다. 무식하면 용감하다고 다산 선생께서 말씀하신 것처럼 올바른 정신적인 자세도 갖추지 못한 사람들이 국민들을 위해서 일한다고 나서는 섣부른 일들이 없길 바라는 마음이다.

그런 일들이 묵인되고 까발려지지도 않은 비리와 부정이 쌓인 사회에서 이제껏 우리의 문제는 지도자라는 사람들이 줄줄이 감옥에 가는 일이 되풀이되었다.

다산은 아마도 이런 상황을 예견이나 한 듯이 '목민심서'에서 제시한 개혁안이 나라에서 시행되기를 몹시 갈망하였으나, 61세 회갑연에 지은 자찬묘지명에서 자신의 저술에 대해서 "아는 자는 적고 비방하는 자는 많으니, 만약 하늘이 받아들이지 않는다면 불태워버려도 좋다."고 울분을 토하였다. 이러한 다산의 애끓는 애민정신을 우리는 어떻게 이해해야겠는가.

　이제라도 다산이 그렇게 마음속으로 애태우며 간절히 목민관들에게 바랐던 올바른 정신을 확립하는 일이 절실하다. 자신을 다스리고(律己), 공무에 봉사하고(奉公), 백성을 사랑하라(愛民)는 정신을 바로 세워 미래 대한민국의 새로운 가치를 정립해 나가는 노력이 절실하다.
　그것이 다산초당에서 다산이 꿈꾼 세상 "나라다운 나라, 백성다운 백성"의 나라를 새워가는 것이라고 생각한다.

08

다산의 구슬을 꿰어서 보배로

구슬이 서 말이라도 꿰어야 보배다!

다산의 실학사상은 바로 꿰어야 보배라는 말로 표현할 수 있다. 600여 권의 저술이 바로 우리들에게 남겨준 보배이다. 다산 선생은 그 저술을 통해서 자신이 꿈꾼 세상이 실현되길 간절히 소망했다. 그 꿈을 실현하는 일은 바로 우리들의 몫이다.

유배 18년 동안 이룩한 위대한 정신과 사상은 오직 위국, 애민정신으로 경학과 경세학을 통해서 다산이 죽은 후에라도 나라와 백성들이 잘되길 간절히 바라는 그 마음으로 우리에게 남긴 커다란 유산이다. 그 큰 유산을 아직도 물려받지 못한 채 깊은 땅속에 묻혀 있으니 이제라도 우리가 그 구슬들을 꿰어서 보배로 만들어 제4차 산업혁명 시대에 요구되는 새로운 가치로 창출해야 한다.

다산은 조선 말기 시대적 상황과 몰락해가는 조선사회의 피폐를 바라보며 백성다운 백성, 나라다운 나라를 꿈꾸며 유배 18년 동안 책을 통해서 경제, 사회, 문화, 의학, 지리, 역사, 과학, 천체 등 그야말로 헤아릴 수 없을 만큼 우주만물은 물론 인간 사회에 대한 모든 것들을 저술로 남겨 놓았다.

법고창신이란 말이 있다. 옛것을 되살려 창조적으로 새롭게 창조해 나가는 마음으로 다산의 애민정신 과학적 사상을 되새겨야 할 때이다. 새 시대가 요구하는 시대정신은 국민의 시대, 나라다운 나라를 구축해가는 새로운 시대정신이다.

다산은 행함이 없는 학문은 무의미하다고 했다. 그것이 다산의 실학정신이다. 이런 측면에서 앞으로 우리가 어떻게 해야 할 것인가, 어떻게 구슬을 꿰어 보배로 만들어야 할 것인가를 고민해야 한다. 그런 고민 속에서 다산정신을 보다 쉽게 이해하고 실천하기 위하여 "평생학습인 다산 정약용의 다산정신에 관한 탐색-다산학의 설천적 관점을 중심으로"라는 주제로 논문을 발표하였다. 다산정신의 핵심은 주인정신과 위국애민정신이다. 이 정신을 실천하기 위하여 소통하고, 청렴하고, 공정하고, 탐구하고, 창조하고, 개혁해야 한다는 것을 확인할 수 있었다.

시대적 상황에 따라서 끊임없이 변화는 환경에 맞추어 시대정신도 변화가 필요하다. 산업화시대 우리는 새마을 정신을 통해서 할 수 있고 잘살 수 있다는 그런 믿음으로 함께 했고, 산업시대 우리는 근면, 자조, 협동이라는 새마을 정신을 통해서 보릿고개를 극복했다. 이는 오늘날의 경제적인 밑거름이 되었던 것이다.

그러나 이제 우리는 새로운 시대적 정신이 필요하고 무엇보다도 파괴적인 진화가 급속히 진행되는 상황 속에서 지금까지의 쌓인 적폐를 청산하고 새로운 미래를 디자인해야 할 시대정신과 철학이 필요하다.

그런 측면에서 다산이 우리에게 남겨준 위대한 다산정신을 계승 발전시키기 위한 노력이 절실하다. 이를 위한 실행방안이 그 어느 때보다도 절실하다. 다산의 600개의 구슬과 보배를 바탕으로 한 풍부한 소프트웨어를 하드웨어와 융합하여 새로운 정신적 가치로 창출해 낼 수 있는 시스템이 절실하다. 하지만 유감스럽게도 지금까지 거의 대부분이 학문적 연구와 저술에 그쳐 있다.

따라서 이제라도 국가적 차원에서 다산 유적지 관리는 물론 다산 정신의 현대적 계승 발전을 위한 장기적이고 전략적인 정책의 수립이 절실하다.

교육은 백년지대계라고 한다. 대한민국의 새로운 미래를 위한 새로운 정신적 사상과 철학을 우리 모두가 새롭게 창출해 내야 한다. 세계 경제포럼 창시자인 클라우스 슈밥은 제4차 산업혁명이라는 책을 통해서 4차 산업혁명시대 필요한 핵심 가치를 4가지로 이야기하고 있다. 이 4가지의 4차 산업혁명시대 핵심가치가 18세기 다산 정신과 비교해 보면 너무나도 적절한 시대정신과 부합한다. 다산이 저술한 모든 문학적 작품을 통해서 봐도 18세기의 다산의 실학 정신과 개혁 사상이 21세기 제4차 산업혁명 시대의 핵심가치와 너무나도 유사한 것을 발견할 수 있다. 따라서 이러한 핵심가치를 창출하고 역량을 확산시킬 수 있는 하드웨어적인 시스템이 무엇보다도 우선적이다.

경제적 빈곤을 극복하고 혁신적인 기술발전을 통하여 세계 속에 빛나는 오늘이지만, 동시에 욕구의 절제와 인내를 상실하여 예법과 공공의식은 간 곳 없고 오직 자신만을 생각하는 자기중심사회가 되어가는 상황에서 사회 공동체 인식을 위한 새로운 정신적 가치가 절실하다.

다산은 수신(修身) 후에 치민(治民)이라 하였다. 즉 자기 자신을 추스르고 난 후에 백성을 다스리고 함께 할 수 있다는 이야기다.

그런데 오늘날 우리 사회를 보면 너무나 어이가 없다. 사회지도층부터 시작하여 유명인들까지 정신적으로 피폐해진 모습은 200여 년 전 다산이 피폐해져 간 조선사회를 안타까워하며 저술한 시나 글 속의 조선사회 경제적 피폐를 보는 듯하다. 이제 물질적 경제생활과 정신적 도덕문화의 조화와 통합을 통한 새로운 나라의 사회적 가치가 절실한 때이다. 다산정신으로 미래 대한민국의 사회적 가치 창출을 통하여 "나라다운 나라 백성이 주인이 되는 세상"을 꿈꾼 200여 년 전 다산의 꿈이 이루어지길 소망한다.

18년 유배지에서 정약용을 만나다

다산의 사람 그릇

초판 1쇄 발행 | 2019년 10월 25일
초판 3쇄 발행 | 2022년 7월 20일

지은이 | 진규동
펴낸이 | 김의수
펴낸곳 | 레몬북스(제396-2011-000158호)
전 화 | 070-8886-8767
팩 스 | (031) 990-6890
이메일 | kus7777@hanmail.net
주 소 | (10550) 경기도 고양시 덕양구 삼원로 73 한일윈스타 1406호
디자인 | 오현주
ⓒ레몬북스

ISBN 979 - 11 - 85257 - 86 - 0(13190)

이 도서의 국립중앙도서관 출판예정도서목록(CIP)은 서지정보유통지원시스템 홈페이지(http://seoji.nl.go.kr)와 국가자료종합목록 구축시스템(http://kolis-net.nl.go.kr)에서 이용하실 수 있습니다. (CIP제어번호 : CIP2019038120)